DAS ANDERE MOSTVIERTEL

BERTL SONNLEITNER

DAS ANDERE MOSTVIERTEL

LAND
ZWISCHEN
SONNTAGBERG
UND ÖTSCHER

BUCHVERLAG

Herausgegeben vom
Verein zur Förderung der heimatkundlichen Forschung im Bezirk Amstetten
A-3300 Amstetten, Preinsbacherstraße 11

Deutsche Bibliothek - CIP-Einheitsaufnahme

Sonnleitner, Bertl:
Das andere Mostviertel : Land zwischen Sonntagberg und Ötscher / Bertl Sonnleitner. [Hrsg. vom Verein zur Förderung der heimatkundlichen Forschung im Bezirk Amstetten]. - 1. Aufl. - St. Pölten : NP-Buchverl., 1999

ISBN 3-85326-121-3

Der Schutzumschlag zeigt vorne ein Motiv aus der Mendling:
Teil der Inneneinrichtung der Rauchküche im „Neuhaus".
Rückseite: Türklopfer an einem Herrenhaus in Ybbsitz

1. Auflage 1999

© 1999 by Verein zur Förderung der heimatkundlichen Forschung
im Bezirk Amstetten, Amstetten

Fotografie:
Bertl Sonnleitner, Ybbsitz

Alle Aufnahmen mit LEICA M 3; SUMMICRON 1:2,35/50/90 mm

Einbandgestaltung und Layout:
Herbert Wiesensarter, Bad Fischau

Reproduktion, Satz und Druck:
Niederösterreichisches Pressehaus Druck- und Verlagsgesellschaft mbH
A-3100 St. Pölten, Gutenbergstraße 12

Bindearbeit:
Buchbinderei Frauenberger, Neudörfl

ISBN 3-85326-121-3

INHALT

OBEN IM DORF

Wallfahrt zum heiligen Ägidius — 9

Die Angela — 18

Pfingsten am Schobersberg — 28

Fronleichnam — 32

Der Holzschnitzer — 40

HEIMAT

Die Glocken meiner Kindheit — 49

Das Gartenhaus — 58

Hinter alten Mauern — 68

Die kleine und die große Welt — 84

Der letzte Köhler — 92

Winter an der Schmiedemeile — 102

EISENWURZEN

Die Rückkehr des heiligen Florian — 111

Von gefallenen und anderen Heiligen — 116

Der Kartausenschmied — 126

Auf den Spuren Josef Haberfelners — 134

Zwischen Ybbs und Erlauf — 142

In der Mendling — 149

Legenden zu den Bildern — 158

OBEN IM DORF

Im Verlauf meiner Arbeit am Buch Walcherberg, im Jahr 1993, kam ich oft und oft die Straße von Waidhofen an der Ybbs nach St. Leonhard am Walde hinauf. Windhag, zu meiner Linken, lag stets still auf der Anhöhe, die Kirche, der Pfarrhof, die umliegenden Häuser sahen verträumt ins Land. Nichts deutete zu dieser Zeit auf unsere später so enge Bekanntschaft hin. Auch war ich mit meinen Gedanken meist woanders, sodaß ich die Abzweigung dorthin kaum bemerkte, hinter der nächsten Biegung schon den Blick auf mein eigentliches Ziel richtete und weiterfuhr.

Aus dem Sinn geriet mir der Ort dennoch nicht. Denn bald schon hörte ich in Gesprächen von alten Bräuchen sowohl im Dorf als auch in seiner Umgebung, von geschickten Handwerkern oder interessanten Menschen. Zu Papier gebracht habe ich dies alles damals nicht, und meines Wissens tat solches seither auch niemand anderer. War es das, was mich so unruhig bleiben ließ, als ich mich schon wieder ganz anderem zuwenden wollte? Weil sich mir, noch während meiner Tage auf dem Walcherberg, neben jener kleinen Welt plötzlich die nächstgrößere auftat?

Ein Jahr danach, im Herbst, wurde mir klar, daß hier eine neue Aufgabe auf mich wartete. Das Thema, die Landschaft, der Blick über das Mostviertel und in die Eisenwurzen faszinierten mich aufs neue. Und wieder die Hoffnung, vielleicht doch noch manches hinüberretten zu können in die neue Zeit. Immer zahlreicher wurden meine Fahrten, immer mehr Geschichten wurden mir zugetragen, immer schwerer fiel mir der Abschied.

Als es schließlich sein mußte, fuhr ich ein letztes Mal hinauf. Besuchte St. Aegidi, den Schobersberg, dachte an Fronleichnam, die Angela und rief mir die schönen Stunden in Erinnerung, die ich im Dorf verbracht hatte.

Erst dann begann ich zu schreiben.

WALLFAHRT ZUM HEILIGEN ÄGIDIUS

Wo bleibt die Sonne, die ich mir gerade für diesen Morgen so sehr erhofft habe? Wo die Sicht hinein in die Berge? Wo der weite Blick hinaus aufs Land? Statt dessen ziehen die Nebel, als ich in der Frühe oben am Schobersberg warte, unten im Dorf die Glocken läuten und eine ansehnliche Schar, dicht gedrängt, mit Kreuz und Fahne, betend den Weg heraufkommt. Voran die Kinder, dann die Männer, am Ende der Gruppe die Frauen. Ich stolpere durch feuchtes Gras, fotografiere. Wenig später bin ich wieder allein.

Nun habe ich Zeit. Ich gehe zurück zu meinem Auto, steige ein und fahre auf Umwegen voraus. Beim Kücherlkreuz quert, von St. Leonhard am Walde kommend, eben die zweite an diesem Tag nach St. Aegidi ziehende Prozession die Straße und macht ein Weiterkommen vorerst unmöglich. Da steht der Walcherberger, er und einige andere warten hier auf das Eintreffen der Windhager. Nach ein paar Minuten überhole ich schließlich den Zug und bin bald darauf bei der Kirche.

Zum ersten Mal blitzt die Sonne durch die Wolken. Unten, wo sich als Dritte im Bunde die vom Urltal kommenden Ybbsitzer den Berg herauf-

mühen, bringt sie so manchen von ihnen zum Schwitzen. Sie haben den weitesten Weg zurückzulegen, setzen aber die letzten Meter sogar noch zu und werden ebenfalls bald am Ziel sein.

Kurz vor neun Uhr liefern die aus drei Himmelsrichtungen eintreffenden Ägidibeter ein buntes Bild. Es sind vorwiegend aus bäuerlichen Kreisen stammende Menschen, die hier gemeinsam dem Heiligen ihre Anliegen vorbringen nach einem seit Jahrhunderten immer gleichen Ritual: Auf den obligaten Rundgang jeder einzelnen Gruppe um das Gotteshaus folgt das Niedergehen der Fahnen, das allgemeine Gedränge hinein in den Kirchenraum, das machtvolle Spiel der Orgel. Ich verdrücke mich in den hintersten Winkel, höre die Fürbitten, die Predigt und bin am Schluß der Messe sogar beim Opfergang um den Altar mit dabei.

Fast noch schneller, als er sich füllte, leert sich der Raum. Im benachbarten Bauernhaus geht es hoch her, die Wallfahrer rüsten zur Heimfahrt; ich aber wandere noch die gut hundert Meter hinunter zum Bründl. Im Innern des erst vor wenigen Jahren wiederhergestellten kleinen Holzbaues sehe

ich ein Bild, am Boden die mit einem schmiedeeisernen Gitter abgedeckte Öffnung der Zisterne, darauf ein Gefäß, ein Kruzifix. Obwohl mit der Geschichte des Ortes untrennbar verbunden, kommen nur wenige hierher. Selbst am Festtag des Heiligen bleibe ich dort geraume Zeit für mich allein, ehe die Zeiger der Uhr mich mahnen, den Weg zurück zur Kirche anzutreten.

St. Ägidius am Walcherberg. Erbaut zur Aufbewahrung und Verehrung eines Bildes, das ein Bauer einst auf diesem Platz gefunden und dann zu sich nach Hause genommen hat. Bei dem Landmann aber, so weiß die Legende zu erzählen, wollte es durchaus nicht bleiben, denn gleich dreimal kehrte es von selbst an seinen Ursprung zurück.

1526 erstmals in den Quellen erwähnt, wird die dem heiligen Abt und Beichtiger Ägidius geweihte Kapelle 1529 von den Türken niedergebrannt, jedoch 1632 unter Abt Placidus Bernhard von Seitenstetten mit Spenden aus der Umgebung in der heutigen Form wieder aufgebaut. Nicht nur Dürre, Teuerung oder Kriegsgefahr abzuwenden, ist das Anliegen derer, die da Hil-

fe suchen, auch körperliche Leiden, wie Lähmungen und Verletzungen, sollen Heilung finden.

1786 durch die Reformen Kaiser Josephs II. dem Untergang bestimmt, bleibt die Kirche viele Jahre verlassen. Erst später einsetzende und bis in unsere Zeit reichende Bemühungen machen sie wieder zu dem, was sie in den Tagen des Barock schon war: zum beliebten Wallfahrtsort, zum Treffpunkt vieler Gläubigen aus nah und fern.

Als ich gegen Mittag wieder auf dem Schobersberg bin, lagert dort das Vieh. Das anfänglich trübe Wetter ist einem sonnigen, warmen Herbsttag gewichen. Föhn hat sich eingestellt, die Wiesen sind trocken, Kuhglockengebimmel durchzieht die klare Luft. Nichts deutet mehr auf den morgendlichen Vorbeizug der Prozession.

Die Anrufung in den Fürbitten aber, das „Heiliger Ägidius, bitte für uns", klingt mir immer noch in den Ohren. Auch als auf den Straßen im Tal die Beter schon längst wieder ihren Häusern zustreben: die nordseitigen Hänge des Knieberges hinauf die Ybbsitzer, um die Westflanke des Walcherberges herum die nach St. Leonhard am Walde – und etliche wie ich zurück nach Windhag.

DIE ANGELA

Wegen des angeblich bald nicht mehr in der alten Form bestehenden Bauernhauses „Stadl" in Windhag liege ich dem Walcherberger schon länger in den Ohren. Ich will dort nämlich noch fotografieren, und da er mir immer wieder bedeutete, wenn überhaupt einer, so könne nur er bei der Angela ein gutes Wort für mich einlegen, komme ich Anfang Jänner auf sein Angebot zurück, bitte ihn, mich zu begleiten, und gehe der Sache auf den Grund.

So wie ich ihn vom Futterschneiden weggeholt habe, sitzt er jetzt neben mir im Auto: in Gummistiefeln, mit Heufäden auf dem Rock und dem unverzichtbaren Hut auf dem kantigen Schädel. Wir fahren los. Das letzte, schlechte Stück durch den Wald bis direkt vor das Haus will ich meinem Wagen nicht zumuten, also bleibt das Vehikel unten an der Straße zurück und uns beiden die Hoffnung auf einen nicht allzu beschwerlichen Weg zu Fuß. Wortlos, nur einmal nach oben auf den bald sichtbaren Hausstock weisend, stapft der Walcherberger voran. Es liegt Schnee auf dem weichen, heuer noch gar nie hartgefrorenen Boden. Aus der Ferne dringt der Lärm einer Motorsäge zu uns, Stimmen und bald darauf das Geräusch von Ketten sowie von schwerem Gerät. Wird wohl schon das Bauholz sein, meint er plötzlich und ist sichtlich überrascht. Mehrere den Weg entlang gelagerte Reihen frischgeschlägerter Stämme bestärken ihn in seinem Verdacht, sodaß sein Gang sich beschleunigt, so als ob auch er es jetzt nicht mehr erwarten könne, zu erfahren, was mit dem Haus geschieht. Und mit der Angela, die seit über siebzig Jahren hier wohnt, die letzten zehn allein mit ihrem Hund, den Katzen, ein paar Hühnern, zwei jungen Kalbinnen – und ihren Erinnerungen.

Schon öfter habe er sie heimgesucht, sie, die sonst höchstens noch nach Waidhofen komme, erzählt er und verlangsamt dabei seine Schritte. Habe mit ihr geredet, ihr beim Zähmen von Kühen geholfen und die alten Zeiten beschworen. Manchmal hätten sie sogar die gleichen Gedanken gehabt, wie es weitergehen würde, und sich gegenseitig Mut zugesprochen: Daß es weitergehen *müsse*, und wenn schon nicht mit ihnen, so doch mit den Jungen. Solch ambitionierten Bauersleuten habe sie daher alles übergeben, von der gegenüberliegenden Talseite stammenden jungen Menschen, die viel vorhätten und denen sie vertraue. Dann wird er wieder wortkarg, klopft sich den Schnee von den Füßen und geht weiter.

Am niedergegangenen, auch besseren Zeiten nachträumenden Dörrhäusl vorbei kommen wir zum Haus. Eine Frau steht, halb verdeckt von Ästen und hängendem Strauchwerk, davor, zerrt, während wir näher treten, den heftig anschlagenden Hund die Stiege zum Eingang hinauf und verschwindet hinter der Tür, die fest verschlossen ist, als der Walcherberger daran pocht. Laut ruft er jetzt seinen Namen. Sekunden der Stille, dann abermals das Bellen des Hundes, ein Reißen an der Kette. Schaffe auch ich es, trotz meines Fürsprechers, nicht? Bin ich ebenso vergebens hierhergekommen wie andere vor mir?

Ich gehe die wenigen Stufen wieder hinunter und warte. Da fällt mein Blick auf die kleinen Fenster an der Nordseite des Hauses. Woher ich sie zu kennen glaube, weiß ich nicht sicher, bringe sie aber mit jenen Aufnahmen in Zusammenhang, die der Zuckerbäcker Piaty aus Waidhofen in den sechziger Jahren in dieser Gegend gemacht hat. Habe ich es nicht vor eini-

gen Tagen erst in Händen gehabt, das Büchlein mit dem beziehungsvollen Titel „Die Mitte der Welt", das all diese Fotografien enthält?

In diesem Augenblick öffnet sich oben die Tür. Wir treten in ein finsteres, mit allerlei ausgedientem Hausrat verstelltes Vorhaus und von da in die Stube. Nur in Umrissen zunächst ist eine riesige Mostpresse zu erkennen, viel deutlicher schon, als sich meine Augen an das Dunkel gewöhnt haben, dann freilich das andere. Der spinnwebenverhangene Rauchabzug vor einer in der Wand befindlichen verschließbaren Öffnung. Ein alter Bauerntisch, ein Kasten, Stühle. Schließlich der für die Bedürfnisse der einzigen Bewohnerin des Hauses eingerichtete Raum mit Herd, Bettstatt, Tisch und einer Eckbank unter dem Herrgottswinkel.

Kaum daß wir Platz genommen haben, holt sie aus dem Kasten einige alte Bilder, eine Flasche Schnaps und schiebt uns beides hin. Während der Walcherberger letzterem zuspricht und mit der Alten plaudert, befasse ich mich mit den Fotos. Eines davon lege ich behutsam zur Seite, warte auf eine Gesprächspause und frage endlich. Ja, der Zuckerbäcker Piaty habe sie da

einmal im Fenster mit der Katze erwischt, ihr später dieses Bild geschenkt, dann aber nichts mehr von sich hören lassen. Jetzt sei es halt eine schöne Erinnerung, meint sie, sonst kenne es sowieso niemand. Als ich ihr von dem Büchlein erzähle, staunt sie, sammelt, während sie sich schon wieder ihrem Nachbarn zuwendet, die Fotos sorgfältig ein und beendet das Thema.

Mein Blick hängt an der kleinen, von hier in die Küche führenden Tür. Ob ich da hineinschauen dürfe und später vielleicht auch in den Stall? Sicher, aufgeräumt sei halt nichts, alles sei noch so, wie sie es zurückgelassen habe, seit sie vor Jahren hierher in die Stube zog: die Einrichtung, die ehemalige Feuerstelle, jetzt ein guter Platz für das Brennholz unter dem großen, ganz und gar mit Ruß und Pech überzogenen Feuerhut. Vieles mehr, das inzwischen schlecht geworden war, hätte sie längst schon verbrennen sollen, die Nähe zum Stall locke auch immer die Hühner an, mit einem Wort, ich dürfe mich nicht wundern – sonst aber habe sie nichts dagegen.

Bereitwillig erklärt sie mir, was es mit der eisernen Tür unten am gemauerten alten Feuerplatz auf sich habe. Der Backofen sei das, sagt sie der

Platz bot für zwölf bis vierzehn Laib Brot und mit Backscheitern beheizt wurde wie jeder heutige. Und, als ich nach dem Sinn der mit Brettern abgedeckten Vertiefung im Boden davor frage, daß diese, weil man sich so leichter tat, beim Einschießen und Herausholen des Brotes von Nutzen gewesen sei.

Ich steige über Papier, mache ein Foto von dem für den Segen des Hauses zuständigen Palmbuschen und gelange durch die eine Tür zurück ins Vorhaus. Die andere führt direkt in den Stall. Auf ihren Plätzen schlafende Hühner, die beiden Kalbinnen friedlich nebeneinander, der Geruch von Heu: Wärme, Geborgenheit überall. In diese Stille hinein zu fotografieren, empfinde ich fast als Sakrileg. So belasse ich es bei ein, zwei Aufnahmen und gehe wieder. Später, sagt die Angela, als ich ihr in der Stube davon erzähle, später werde sie den Tieren halt besser einfüttern, dann habe alles wieder seine Ordnung. Und mit einem milden Seitenblick auf mich und meinen Apparat: Wenn alle Blitze so harmlos ausfielen, würde sie den Gewittern in Zukunft weit weniger bang entgegensehen.

Vierzehn Tage danach, an einem regnerischen, naßkalten Nachmittag, bin ich abermals auf dem Weg dorthin. Diesmal allein, da mir die Angela versprochen hat, mich künftig auch ohne den Walcherberger ins Haus zu lassen. Sie kenne mich nun schon und wisse um meine Absichten.

In der Stube hat sich nichts verändert. Die Uhr geht immer noch eine Stunde voraus, im Herd prasselt das Feuer, nur das durch die kleinen Fenster auf den Tisch fallende Licht scheint mir noch schwächer zu sein als bei meinem ersten Besuch. Auch der Christbaum fehlt, doch ist jetzt der Platz in der Ecke frei. Dort also stelle ich meine Tasche ab, lege den Hut darauf und warte.

Nach einigem Hin und Her setzt sie sich mir gegenüber und betrachtet kritisch die mitgebrachten Fotos. Jenes, das sie zusammen mit dem Walcherberger zeigt, besonders lang, dreht es zum Licht und meint, daß die Falten im Gesicht, auch in dem ihren, halt nicht mehr wegzubringen seien. Und auch nicht das Kreuzweh, das sie mit den Jahren immer mehr plage und die Gestalt schon recht klein und gebückt habe werden lassen. Dabei

sei sie, die 1924 in diesem Haus Geborene, stets die größere der beiden Schwestern gewesen, sogar die vor bald vierzig Jahren verstorbene Mutter habe sie immer überragt. Von deren aus Ybbsitz stammenden und 1912 hierher auf das „Stadl" gezogenen Eltern sei ihr nur mehr die Großmutter in Erinnerung, viel stärker aber habe die frühe Arbeit ihre Kindheit geprägt.

Nur mit Aushilfen schafften die drei Frauen – die Mutter, Angelas um einige Jahre ältere Schwester und Angela selbst – damals den Sommer. Mit dreizehn aus der Schule, hieß es an die zwölf Stück Vieh – fünf bis sechs Kühe, Kalbinnen und Schweine – versorgen. Das Heu, das Getreide, es drängte oft mehr, als sie zu tun vermochten. Spätabends fielen sie dann oben unter dem Dach todmüde in ihre Betten. Am Morgen wieder die Sense, das Streuen, Umkehren und Aufschlagen, während die Mutter am Heufadl faßte, die Schwester nachrechte oder den von zwei in ein Joch gespannten Kühen gezogenen Leiterwagen führte. Mit Kühen zu ackern, war genauso ihre Aufgabe, die Jüngere vorn, die Ältere am Pflug. Dann das Säen, Eggen und Ernten. Das Garbenausschlagen am Tenn. Die schweren Säcke heben

und auf den Schüttboden tragen. Im Holz wie Männer die Bäume fällen. Sie ausästen und zu Stellen ziehen, von wo sie entweder abgeholt wurden oder, von ihnen selbst zersägt und in Scheiter gespalten, als Brennholz nach Hause gebracht werden mußten.

Nach dem Tod der Mutter kam als einzige Maschine ein Balkenmäher ins Haus, der Anbau von Korn wurde aufgegeben – es waren von nun an die Schwestern, die wirtschafteten. Mit Körben versorgte sie lange Zeit ein hier ansässiger Korbflechter, die Besen stellten sie selber her. Reparaturen am Dach und am Haus auszuführen, war für die beiden etwas Selbstverständliches. Erst als sie, die Angela, ganz allein war, ging nach und nach alles zurück: die Arbeit im Krautgarten – heute benützt sie ihn nur noch als „Erdäpfelacker" –, das eigene Getreide und Brot, das Vieh. Und ihre Gesundheit, wie sie nachdenklich vermerkt und sich dabei zurücklehnt, gleichsam zum Zeichen, daß ihre Geschichte nun zu Ende sei.

Bald nachdem sie im Stall ihren zwei Kalbinnen eingefüttert hat, breche ich auf. Holz für den Herd sei auch wieder vonnöten, meint sie und begleitet mich deshalb hinaus. Vor der Hütte rasch noch ein Foto, ehe ich den Heimweg antrete. Der führt mich, vorbei an den seltsam gewundenen Gestalten der frischgeschnittenen Kopfweiden und dem alten Dörrhäusl, zunächst in den Wald und sodann in wenigen Schritten hinaus auf die Straße.

Als ich nach Wochen wiederkomme, um das Foto zu bringen, bedeckt nicht Schnee, sondern frischer Schotter den Weg. Wird wohl schon die neue Zufahrt sein, hätte der Walcherberger gesagt und, trotz aller in bezug auf das Haus inzwischen anderslautenden Nachrichten, gewiß wieder seine Schritte beschleunigt ...

PFINGSTEN AM SCHOBERSBERG

Es ist Pfingstsonntag. Noch am Vortag habe ich mich bei der Almbäuerin erkundigt, wann ich denn nun wirklich zur Stelle sein sollte, um diesen seit Menschengedenken in Windhag geübten Brauch des nächtlichen Heiliggeistbetens miterleben zu können. Früher sei man schon um drei Uhr aufgebrochen, meint sie, seit der Einführung der Sommerzeit habe man aber den Abmarsch auf halb vier verlegt. Auf jeden Fall so, daß man zur Stallarbeit, die sich ja auch ein wenig in den Tag hinein verschiebe, wieder zu Hause sei.

Als ich von Waidhofen wegfahre, das Urltal hinein, zuerst die Reihe der immer spärlicher werdenden Straßenlaternen entlang, dann nach links den Berg hinauf, ist es noch tiefe Nacht. Kurz vor dem Ort tauchen Fußgänger auf, einer von ihnen trägt eine Laterne, zwei, drei gehen hinterdrein. Vermutlich sind sie mit dem gleichen Ziel unterwegs. Da ich jedoch nach einer Abstellmöglichkeit für mein Auto Ausschau halte, entschwinden sie meinen Blicken.

Das letzte, ansteigende Straßenstück lege ich zu Fuß zurück. Unmittelbar bei der „Wirts-Kapelle" haben sich etwa zwanzig Leute, mehr Männer als Frauen, versammelt, die gerade angefangen haben zu beten. Hier findet

sich auch die Laterne wieder. Ihr Licht reicht nur wenige Schritte, dennoch schart sich die kleine Gruppe um sie, formiert sich und setzt sich schließlich in Bewegung.

Von meiner ursprünglichen Absicht, vorauszugehen und der erhofften eindrucksvollen Bilder wegen an besonderen Plätzen auf die Prozession zu warten, lasse ich bald ab. Noch immer ist es stockdunkel, und da auch der Mond sich hinter einer dichten Wolkendecke verbirgt, schließe ich mich sicherheitshalber der Gruppe an. Nur dann und wann wage ich mich einige Meter zur Seite, fotografiere blindlings in die Nacht hinein. An zwei Bauernhäusern vorbei führt der Pfad bald steil bergauf. Nicht nur die Schritte werden langsamer, fast scheint es, als zögen sich auch die „Vaterunser" und die „Gegrüßet seist du, Maria" in die Länge, so beschwerlich ist das letzte Stück des Weges. Erst als es durch ein offenes Gatter auf die flache Bergkuppe zugeht, wird der Atem leichter.

Mystisch dringt der Schein der Laterne aus der Kapelle. Stimmen im Gebet, lang anhaltend und eindringlich. Werden die Menschen, die hier um das Gedeihen der Früchte, um gutes Wachstum bitten, Gehör finden vor Gott, dem Herrn?

Im Osten rötet sich langsam der Himmel. Als ich mich mit den anderen auf den Rückweg mache, ist es halb fünf. Der Abstieg fällt niemandem schwer, Gespräche verkürzen die Zeit, und weil ich, früher als geplant, beim Auto bin, überlege ich, den Gang für mich allein zu wiederholen. Diesmal aber ohne Fotoapparat, ohne Last, jedoch bedachtsamer.

Es ist heller geworden. Von oben her bläst mir ein frischer Wind ins Gesicht, in die Stille dringt Vogelgezwitscher, und bin ich vor kurzem noch trockenen Fußes unterwegs gewesen, so hängen jetzt Tautropfen in den Gräsern. Immer deutlicher sehe ich sie, die im ersten Sonnenlicht zart aufglühenden Gipfel, am Horizont: den Ötscher, den Dürrenstein, das Hochkar. Immer klarer treten der Prochenberg, der Maisberg aus der beeindruckenden Kulisse hervor. Je höher ich steige, umso mehr wird es Tag.

Da ist die Bank. Obwohl sie noch feucht ist und lange nicht so einladend wie zu anderer Zeit, genieße ich dennoch den Blick von dort hinunter auf

das noch im Dunkel liegende Tal. Darüber die Waidhofener Hausberge und, unter einer dicken Nebeldecke verborgen, die Stadt. Dann, im Rücken fast, der Sonntagberg. Von Minute zu Minute deutlicher die Basilika: Zuerst an ihren Türmen, bald darauf zur Gänze in helles Licht getaucht, schwebt sie über allem.

Mein Eindruck, hier oben allein zu sein, täuscht: Als ich zur Kapelle komme, steht davor, im Gebet versunken, eine Frau. Ich betrachte den Pfingstrosenstrauß, die Kerzen, die immer noch brennen, die Bilder. Irgendwie erlöst erscheinen sie mir jetzt, die beiden Schächer links und rechts von Christus am Kreuz. Und als sich auf den Boden zu ihren Füßen ein Sonnenstrahl verirrt, glaube ich auch in ihren Gesichtern ein kurzes Aufleuchten entdeckt zu haben.

Nach einer guten Stunde breche ich auf. Die Bauern versorgen schon das Vieh in den Ställen, und obwohl Feiertag ist, müht sich das Milchauto die Straße herauf. Glockengeläute im Tal: Pfingsten hat begonnen. Die ersten Waidhofener werden wohl schon auf dem Weg zur Kirche sein.

FRONLEICHNAM

Sogar die Ältesten erinnern sich nicht, daß jemals zuvor die Prozession in St. Aegidi stattgefunden hat. Erst die längst fällige Renovierung der Windhager Pfarrkirche hat dies im Vorjahr notwendig gemacht. Und ebenso, den jahrhundertealten Brauch des gemeinsamen Ganges hinüber nach Windhag in die umgekehrte Richtung zu verlegen.

Schon während des Fußmarsches des Walcherbergers und seiner Frau hinunter zum Kücherlkreuz waren damals immer mehr Wolken aufgezogen und, noch ehe sie der vom Schobersberg heranziehenden Gruppe ansichtig wurden, die ersten Tropfen gefallen. Umsonst vielleicht der reiche Blumenschmuck auf den um die kleine Wallfahrtskirche gruppierten Altären, umsonst die vielen Birken und all die anderen auf das Fest verwendeten Mühen? Kein Wunder also, daß ihr, der Walcherbergerin, alles noch einmal in den Sinn kommt, als sie und ihr Mann heute an der gleichen Stelle auf die Beter warten.

Auch der Walcherberger denkt an diesen verregneten Tag zurück. War doch wegen des unsicheren Wetters sogar sein Jahr für Jahr ausgeübter

Dienst direkt neben dem Allerheiligsten in Frage gestellt. Denn, was immer der „Himmel" beim Umzug für eine Bedeutung haben mag, daß er nicht als Regenschutz mitgetragen wird, das leuchtet ihm durchaus ein.

Der Tag verspricht heiß zu werden. Auch der vom Tal heraufziehende sanfte Wind vermag nicht wirklich zu kühlen, und ungeachtet der morgendlichen Stunde liegt schon Dunst über dem Land. Es sind fast immer dieselben Leute, die sich hier versammeln. Allesamt Nachbarn, die die Zeit bis zum Eintreffen der Gruppe für den Austausch von Neuigkeiten nützen. Als zunächst leises, mit dem Auftauchen der Spitze der von St. Aegidi Heranziehenden jedoch immer deutlicheres Beten zu vernehmen ist, verstummen sie. Wie auf ein heimliches Kommando treten sie zur Seite und reihen sich – die Männer vorne, die Frauen am Ende des Zuges – ein, um bald darauf bei der mit Birken und Blumen geschmückten kleinen Kapelle zur Andacht zu verweilen.

Die auf etwa dreißig Personen angewachsene Gruppe hat inzwischen die Straße verlassen und ist auf Feldwegen in Richtung Windhag unterwegs.

Voran die mit Kränzen versehene Fahne mit dem Bild des heiligen Ägidius, dahinter die Jugend, Mädchen mit Blumenkörben in den Händen, schließlich das übrige Volk. So nähert sie sich dem höchsten Punkt des Weges, dem Schobersberg, und hält bei seiner Kapelle, im Schatten eines mächtigen, die Äste wie zum Schutz ausbreitenden Baumes, ein letztes Mal Rast und innere Einkehr. Auch hier Birkenstämmchen, brennende Kerzen und das Bild mit den drei Gekreuzigten ...

Erst beim Abstieg schließe ich mich den Leuten an. Windhag, das Dorf, das ich so sehr liebe, mit seiner Kirche, den umliegenden Häusern und den gewiß schon festlich gestimmten Menschen, liegt vor uns im strahlenden Sonnenschein. Ich freue mich darauf, es wiederzusehen. Auch der Walcherberger ist zufrieden, steckt seinen Rosenkranz in die Rocktasche und geht schweigend das letzte Stück des Weges neben mir her.

Oben zwischen den Häusern löst sich die Gruppe auf. Holzbänke, feinsäuberlich aneinander- und hintereinandergereiht, bieten den Angekommenen Platz, so manchen von ihnen zieht es, bevor die Zelebranten eintreffen, freilich rasch noch ins nahe Wirtshaus. Die Musikanten rücken die Notenblätter auf ihren Pulten zurecht, nach freien Stühlen Ausschau hält, wer gerade erst hinzugekommen ist.

Als die Glocken den Festgottesdienst einläuten, kommt Bewegung in die unter freiem Himmel versammelte Gemeinde. Die Worte des Priesters und des Diakons wie auch die Musik sind auf den Anlaß abgestimmt: Die Verehrung der Eucharistie steht im Mittelpunkt der Feier, doch auch um Gottes Segen für die Natur bitten die Gläubigen. Am Ende das „Te Deum", das erste der vier Evangelien. Danach formiert sich die Prozession: Ministranten als Kreuzträger, Schüler, die Feuerwehr, ganz in Weiß gekleidete Mädchen, dazwischen immer wieder Fahnen, Jugendgruppen, die Blasmusik und schließlich das Allerheiligste unter dem „Himmel", den der Walcherberger tragen hilft, ziehen unter Gesängen vorüber.

Sobald die Gewänder versorgt sind, die Fahnen, die Weihrauchfässer, die Laternen und endlich auch der „Himmel", bleibt dem Walcherberger nur mehr eines zu tun übrig: dem Wirt den obligaten Besuch abzustatten.

Seine Frau ist indes auf dem Weg zum Friedhof. Scheu weicht sie den Blumen und Blüten aus, die Kinder während des Umzugs streuten. Eine besonders schöne hebt sie auf vom Boden und nimmt sie mit ans Grab, zündet dort eine Kerze an, streicht dann über das Birkenlaub in ihren Händen. Wird es weiterhin Haus und Hof beschützen, ihre Lieben gesund erhalten – und sie selbst auch?

Sie kann nicht wissen, was jetzt nur der Herrgott weiß: Wenige Monate nach dem Fronleichnamsfest im Jahr darauf läßt man den Sohn, den Sepp, im Sarg zum Großvater hinab in die Grube. Bei einem Unfall ist er ums Leben gekommen. Er, dem ich kaum weniger verdanke als seinen Eltern, ist auch mir zum Freund geworden. Unvergeßlich für mich seine breit angelegten, doch stets fundierten Schilderungen ländlichen Handwerks, unvergeßlich auch der Gang mit ihm hinauf zum Kreuz auf dem Wiesberg, unvergeßlich so vieles andere.

Tief in Gedanken versunken, macht sich die Walcherbergerin auf den Heimweg, bindet, zu Hause angekommen, die Birkenzweige zu Kränzen und hängt sie in die Stube. Dort bleiben sie bis zum nächsten Jahr, wenn sie diese dann gegen neue tauschen und die alten verbrennen wird.

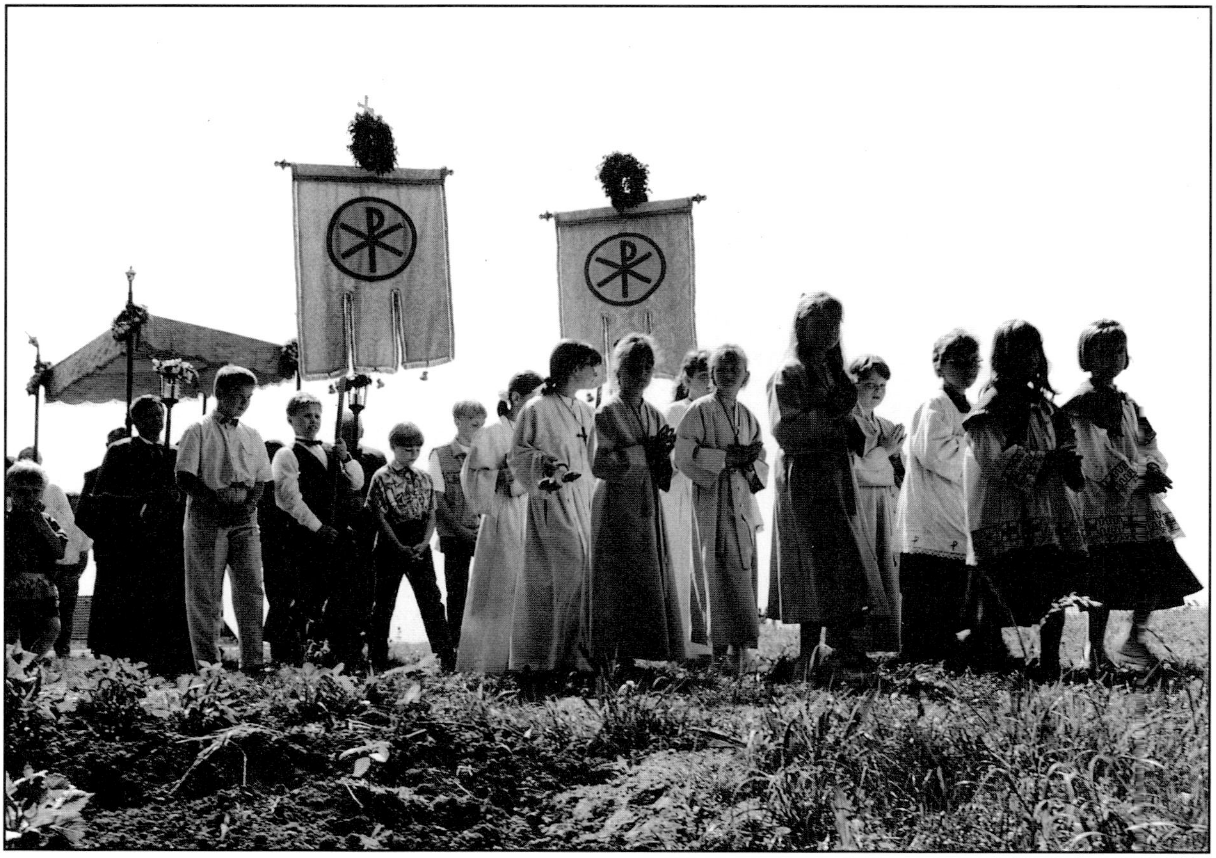

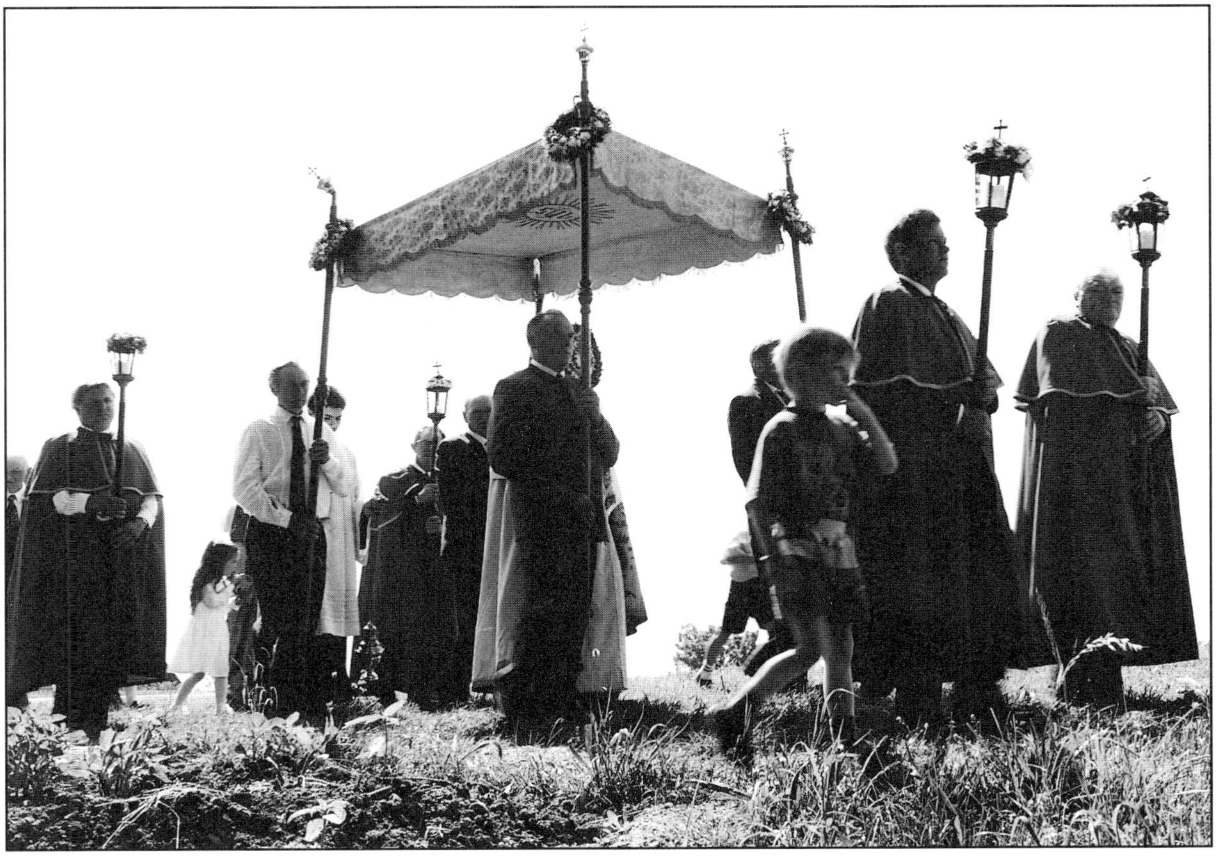

DER HOLZSCHNITZER

Immer früher ist es draußen dunkel geworden in den letzten Wochen. Langsam geht es auf Weihnachten zu. Es ist die Zeit gekommen, die ich noch jedes Jahr auf die eine oder andere Weise zur Einstimmung genutzt habe, zur Einstimmung auf das bevorstehende Fest. In den Märkten und Städten, auch in Waidhofen, nimmt das Treiben in den Straßen und Gassen eher zu, und doch gibt es nicht weit davon ein Haus, wo es dieser Tage nicht viel anders ist als sonst. Ein wenig stiller vielleicht, denn vor den Fenstern liegt Schnee, der die Schritte derer dämpft, die da hin und wieder kommen, um einen Besuch abzustatten. Ein trotz des fortgeschrittenen Alters rüstiger Mann sitzt wie immer an der Werkbank, seine Frau verpackt kleine hölzerne Figuren in Papier, hinter dem Ofen tickt die Uhr – Advent, Advent.

Man weiß um mein Anliegen, ist eigens deshalb aus der warmen Küche in die schwer zu beheizende Werkstatt übergesiedelt. Nur kurz blickt er von seiner Arbeit auf, als ich eintrete. Von der Seite fällt Licht auf ein paar Krippenfiguren, einen noch im Bau befindlichen Stall und die Reihe der direkt vor ihm liegenden Werkzeuge. Späne am Boden, an den Wänden Sägen,

Bohrer, Zwingen, im Hintergrund ein Tisch. Es ist die Welt des hier im Urltal lebenden Ludwig Obermüller, die ich aufsuche und in der ich einen Nachmittag lang verweile und dabei meine Liebe zu den Krippen wiederentdecke.

Es gibt sie ja noch, diese Wunderwerke, vor allem im Waidhofener Raum. An die vierzig davon werden allein dem bekanntesten der hiesigen Krippenbauer, dem Ignaz Oberratter (Oberrader), zugeschrieben. Kastenkrippen, offene, ja sogar eine Tragekrippe für die Herbergsuche kennt man von ihm. Vor etwa hundert Jahren hatte er sie angefertigt, diese großen und kleinen, in Kirchen und Häusern aufgestellten Krippen, als die seinen auszumachen am typischen Aufbau des Krippenberges, an der Anordnung der Wege, der Darstellung Jerusalems, besonders aber an den in Halbrelieftechnik geschnitzten Figuren.

Und es gibt sie immer noch, die Krippenbauer, wie den besagten Ludwig Obermüller in Windhag eben, neben dem ich an diesem Dezembertag sitze, um ihm zuzuhören, wenn er aus seinem Leben erzählt.

Er selbst habe sich stets lieber als Holzschnitzer bezeichnet, und bis Mitte der siebziger Jahre habe das Gasthaus daher auch diesen Namen getragen. Wie er denn zu diesem Handwerk gekommen sei? Einfach so, meint er. Als er sich nach dem Krieg einmal eine Pfeife, dann einen Feitel geschnitzt hat, sei es immer weiter gegangen. Auch ohne Anleitung, nur aus Liebe zum Holz und zu den Dingen, die daraus entstanden sind. Die Großmutter habe sich mit Laubsägearbeiten befaßt, fügte er hinzu. Gut möglich, daß dies in ihm wieder lebendig geworden ist. Sonst wisse er in seiner Familie niemanden, der sich mit solchen Sachen beschäftigt hat.

Langsam dreht er den Engel in seiner Hand, nimmt von den vor ihm liegenden Schnitzmessern ein anderes und arbeitet weiter. Genau dieser Feitel sei sein nächstes Werkzeug gewesen, damals, doch an Krippen habe er erst viel später gedacht. Da seien dann schon einige sogar bis nach Amerika und Australien gegangen, freilich erst, als seine Arbeiten bekannter geworden waren. Das habe endlich auch Einnahmen gebracht, denn zehn bis fünfzehn Stunden am Tag zu arbeiten, und das Jahr für Jahr, verlange doch nach mehr als nur Gotteslohn. Als sich in diesem Augenblick die Tür öffnet und seine Frau für ihn heißen Tee auf den Tisch stellt, nütze ich die Gelegenheit und gehe mit ihr hinaus in die Räume, deren Anordnung unschwer das ehemalige Gasthaus erkennen lassen. Aufmerksam betrachte ich die vielen Figuren, Kreuze und Reliefarbeiten auf den Kästen, an den Wänden und in den Vitrinen, auch die Krippe im Vorhaus. Sie würde ihm fehlen, genauso die drei anderen, die um Weihnachten überall im Haus aufgestellt sind, meint sie. Sie selbst habe ja nur mit den allerletzten Arbeiten zu tun, schleife übriggebliebene Unebenheiten glatt und trage das Wachs auf. Dennoch, fast alles hier sei auch durch ihre Hände gegangen, höre ich sie sagen, bevor sie wieder in der Küche verschwindet.

Inzwischen hat ihr Mann Holzstücke bereitgelegt, vom Kirsch- und vom Nußbaum, wie er sie früher einmal verwendet hat für Faßböden, und von der Linde, die, seit er kleinere Sachen schnitzt, sein bevorzugtes Material ist. Mindestens ein paar Jahre müsse es gelagert sein, das Holz, erklärt er mir, dies sei die erste Voraussetzung für ein gutes Gelingen. Deshalb mache

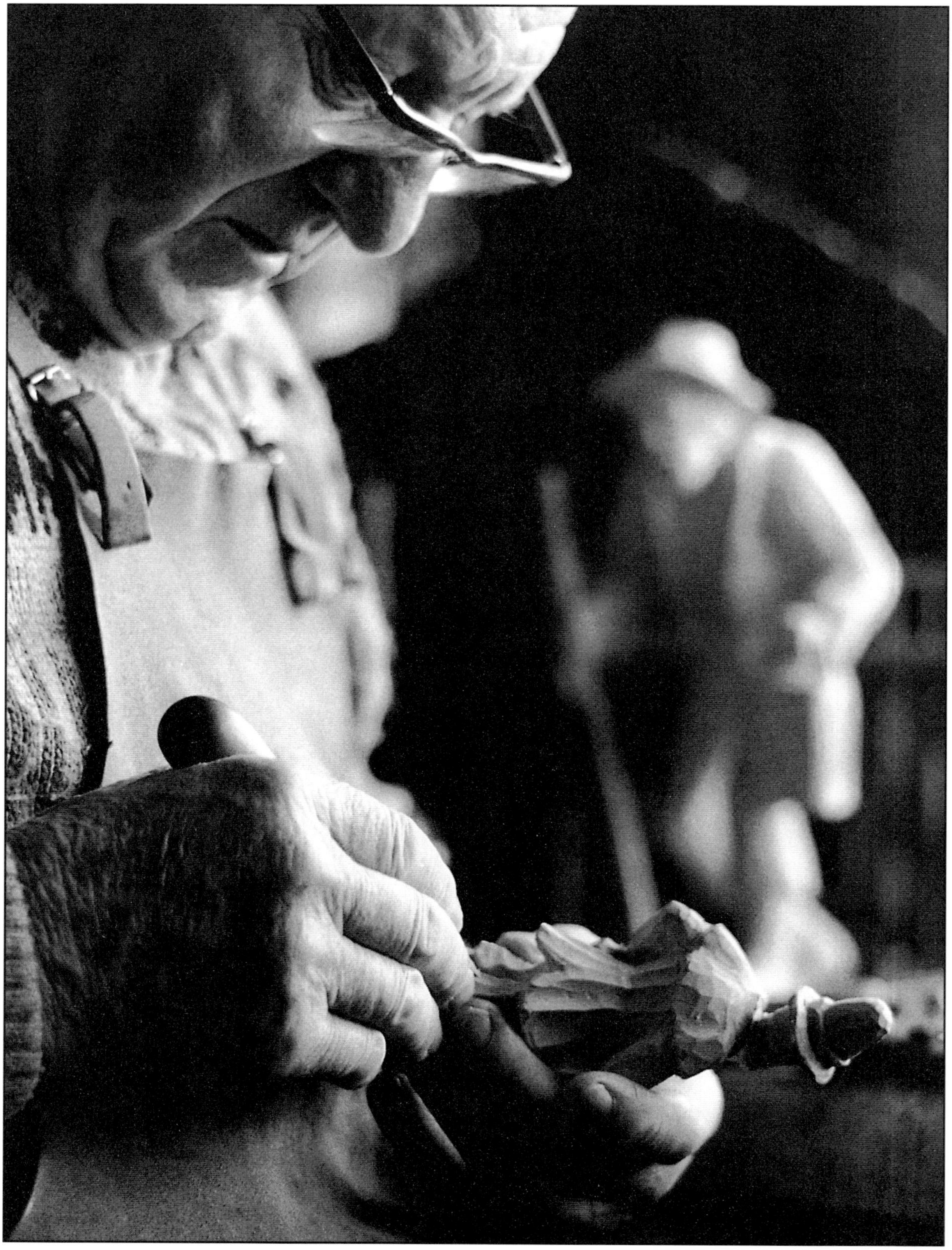

er sich auch immer selber auf die Suche, achte auf Herkunft und Alter und sondere alles Fehlerhafte von vornherein aus. Allein das habe ihn von den anfänglich größeren Stücken, die eine entsprechende Astfreiheit verlangten, weg und hin zu den viel leichter zu handhabenden Krippenfiguren gebracht. Hier in der Werkstatt werde zugeschnitten und, so wie heute, manchmal auch gearbeitet, im Sommer stehe ein Gartenhaus zur Verfügung, im Winter eben die Küche.

Gleich darauf erhebt er sich, geht zu einem Schrank und sucht aus Schachteln zwei Krippen für mich zusammen. Josef, Maria, das Kind, Ochs und Esel, die drei Könige aus dem Morgenland, Engel, Hirten, Schafe …. Weil der Tisch davon übergeht, stelle ich den Rest ans Fenster. Als ich mich anschicke zu fotografieren, fallen mir einige noch in Papier gewickelte Figuren auf. Eine weitere Maria? Ein Kind, ein paar Engel und der Ochs? Ich bin sicher: Wäre Ludwig Obermüller nicht bereits wieder in seine Arbeit vertieft gewesen und ich nicht ohnehin schon reich beschenkt, es hätte leicht eine dritte Krippe daraus werden können.

Bald, meint er, während er den Engel in seinen Händen ein letztes Mal dreht, bald müßten sie sowieso alle ans Licht. In die Schaufenster der Geschäfte, zu einer Ausstellung vielleicht. Dann übertönt das Kreischen einer Säge seine Worte, dem kein weiteres mehr folgt. Ich fühle, daß es Zeit für mich ist aufzubrechen, verabschiede mich und gehe hinaus in die Dämmerung.

HEIMAT

Ich werde nichts von alledem vergessen. Die Türme, die schmalen Gassen, die Häuser. Die im Herbst mit Blättern übersäten Wege am Buchenberg, die Magnolienbäume im Schillerpark und den Fluß. Auch nicht meine ersten Berufserfahrungen, die Übersiedlung, das Aufwachsen unserer Kinder in dieser Stadt – Waidhofen an der Ybbs war mir und meiner Familie für fast dreißig Jahre zur zweiten Heimat geworden. Seine Geschichte, jedoch auch die Dinge in der Umgebung haben mich immer wieder beschäftigt, zuletzt das Haus Walcherberg und Windhag.

Aber da gibt es auch noch meine eigentliche Heimat. Das ist der Ort, in dem ich geboren wurde, wo meine Eltern lebten, in dem ich aufwuchs und wo meine Schulkameraden und Freunde zu Hause waren. Ein von Waidhofen in östlicher Richtung im Tal der Kleinen Ybbs gelegener, der Fläche nach ungefähr um ein Fünftel, der Einwohnerzahl nach allerdings um mindestens zwei Drittel kleinerer Marktflecken. Die Rede ist von Ybbsitz, wie Waidhofen vormals ein Zentrum der Kleineisenindustrie, eine Stätte blühenden wirtschaftlichen Lebens auch heute, landschaftlich reizvoll, mit der prächtigen Pfarrkirche, den schmucken Bürgerhäusern und der Schmiedemeile ein Kleinod des mittleren Ybbstales.

Seine Vergangenheit, sein Brauchtum sind nicht weniger interessant. Immer öfter wandte ich meine Aufmerksamkeit daher auch diesen Themen zu, fotografierte, schrieb kleine Aufsätze – und schob aufwendigere Projekte wie dieses hier dann doch wieder beiseite. Nur allzu nahe lag das Urltal, lag St. Aegidi oder der Schobersberg. Erst als ich im Frühjahr 1996 für immer nach Ybbsitz zurückkehrte, begann ich gezielt daran zu arbeiten. Ich schrieb Kindheitserinnerungen nieder, befragte Zeitzeugen und sammelte entsprechende Unterlagen. Jetzt hatte ich Muße, jetzt drängte es mich förmlich dazu.

Im Winter war ich im hintersten Winkel des Tales, suchte verlassene Bauernhäuser auf und befaßte mich mit ihrer Geschichte. Ebenso mit dem Sehenswerten in der Noth und in der Prolling. 1997 schließlich nahmen mich Dinge in Anspruch, die hier auszubreiten einen Vorgriff auf später Beschriebenes bedeuten würde. Doch keine Sorge, sie sind im dritten und letzten Teil dieses Buches zu finden.

Zu Anfang des Jahres 1998 dann endlich wieder die erste Heimat, die Beschäftigung mit ihren Menschen und den Geschichten, die sie mir zutrug. Ich hätte ein Dutzend davon schreiben können oder mehr. Es sind nur halb so viele geworden, doch alle erzählen von ihr.

DIE GLOCKEN MEINER KINDHEIT

Glocken haben auf mich stets großen Eindruck gemacht. In erster Linie natürlich die, welche hoch oben im Turm hingen. Aber auch die kleinen hatten es mir angetan, wie die Meßglocke oder jenes an einem Holzgriff befestigte Glöcklein, das ich als Ministrant oft stundenlang in der Hand getragen habe, wenn es galt, einen Versehgang zu begleiten.

Solch lange Wege führten zum Beispiel in die Prolling, und das nicht nur in der schönen Jahreszeit, sondern auch an bitterkalten Wintertagen und einmal – ich erinnere mich genau – kurz vor Weihnachten. Wir gingen, ich in angemessenem Abstand vor dem Priester, zunächst über den Marktplatz, dann durch die Noth. Immer wieder kamen uns Leute entgegen, die durch mein Zeichen aufmerksam gemacht werden sollten. Sie knieten nieder und gingen, sobald wir vorüber waren, ihres Weges.

Da wir immer gleich nach der Frühmesse aufbrachen, begegneten wir vielen Schulkindern, die mit ihren schweren Taschen auf dem Rücken daherstapften. Auch ich war mit einem solchen Instrument „gesegnet", doch darin befand sich, zumindest auf dem Hinweg, nicht viel: ein Tuch vielleicht, Streichhölzer und eine Kerze. Ich hatte die Tasche quer über die Schulter gehängt, es ging nicht anders, denn in der rechten Hand hielt ich das Glöckchen, in der linken aber trug ich eine Laterne. Wenn es regnete oder schneite, bot ein Wetterfleck mit Kapuze zusätzlichen Schutz.

So schritten wir über den Nothberg, vorbei an der Schönkreuzkapelle zur Einödschmiede, immer die Straße entlang. Wenn wir auf Häuser trafen, begann ich in einiger Entfernung davor zu läuten. Die Leute kamen dann heraus, schlugen ein Kreuzzeichen und machten sich danach wieder an die Arbeit. Den meisten von ihnen war bekannt, wohin unser Weg führte: zum Bauernhaus „Riegl" ganz hinten, fast schon auf der Kleinen Kripp, wo die alte, bettlägerige Frau einmal im Monat beichten und die Kommunion empfangen wollte.

Dieser Wunsch wurde immer dann erfüllt, wenn der Kaplan in die Prollingschule mußte, um den Religionsunterricht zu halten. Im Haus wußten sie schon ungefähr, wann wir kamen, denn neben dem Bett waren ein Kruzifix und zwei Kerzen vorbereitet, die am Licht meiner Laterne entzün-

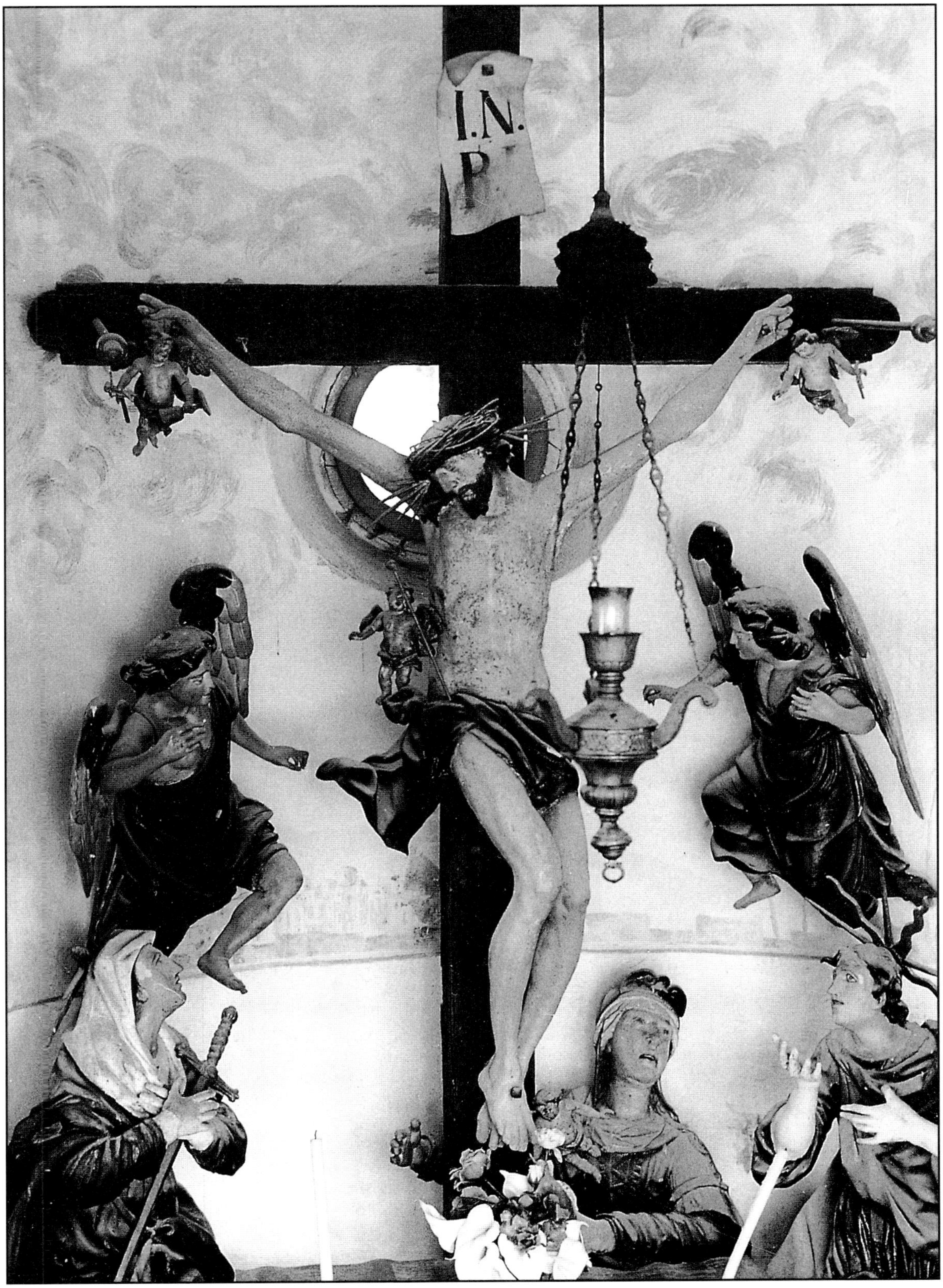
I.N.
R.

det wurden. Während die Alte beichtete, beteten die Bauersleute und ich draußen in der Küche den Rosenkranz, bis sich die Tür öffnete und der Priester alle in die Stube bat. Dort sprach er die Kommuniongebete, verabreichte der Kranken die Wegzehrung und schloß mit dem Segen. Sodann gab es in der Küche eine kräftige Jause, von der ich stets ein Stück Kuchen mit auf den Heimweg nahm, der für den Kaplan eine knappe halbe Stunde währte, weil es für ihn nur bis zur Prollingschule ging. Dort steckte er mir das Rochett, die Stola und sonst noch einige Dinge in die Tasche. Ich packte mein Glöcklein dazu, dann war ich allein.

Mit der Laterne an der Hand ging ich nun den ganzen weiten Weg zurück. Nur an der Hängenden Mauer lief ich – wie die meisten jungen Leute damals – jedesmal, so schnell ich konnte, vorbei – aus Angst, sie könnte just in diesem Augenblick über mir zusammenstürzen. Manchmal hatte ich Glück. Dann holte mich ein Fuhrwerk ein, ich durfte aufsitzen und ersparte mir auf diese Weise eine Stunde Wegzeit oder mehr. Meist aber war es weit nach Mittag, als ich die Tasche in der Sakristei ausgepackt hatte und an die gewohnte Stelle tat; auch das Glöckchen und die Laterne kamen wieder an ihren Platz. Doch selbst wenn draußen schon die Stimmen der aus der Schule stürmenden Klassenkameraden zu hören waren, blieb ich noch ein Weilchen. Wollte ich doch von Hausaufgaben und von dem, was sonst noch für die Schule vorbereitet werden mußte, an diesem Tag rein gar nichts mehr wissen ...

* * *

Allein zu Fronleichnam ertönt das mehrstimmige helle Geläute der Meßglocken auch draußen vor der Kirche. Es begleitet die Prozession durch den Ort. Wie die Schar der „weißen Mädchen" oder das Spiel der Musikkapelle ist es aus dem Bild des Umzugs nicht wegzudenken. Vor dem „Himmel" gehen die Ministranten. Zwei davon, einer bin ich, schwenken mit beiden Händen die mit Birkenreisig geschmückten Glocken. Bloß der Aufenthalt vor den Altären unterbricht das immerwährende Auf und Ab.

Das ganze Jahr über versehen diese kleinen bronzenen Kunstwerke ihren Dienst am Altar. Nur von Gründonnerstag bis Karsamstag bleiben sie stumm, um dann in der Osternacht zusammen mit jenen am Turm sowie an der Tür zur Sakristei umso freudiger die Auferstehung des Herrn anzukündigen, bis das Dröhnen der Orgel, das Jubilieren der Sänger und Musikanten ihr Läuten vollends übertönt.

Ganz anders aber verhält es sich bei der Messe. Da ist ehrfürchtiges Lauschen angebracht, striktes Obachtgeben auf den Gang der heiligen Handlung, auf daß sie ja nicht den Einsatz versäumen. Kurz oder lang, einmal oder dreimal, jedes Zeichen hat seine Bedeutung. Mit ihnen umzugehen, ist den ganz jungen Ministranten daher verwehrt. Erst der Platz an der Glocke verleiht diesem Amt das hohe Ansehen. Es gar zu steigern, vermögen nur noch jene, die dazu auserkoren sind, das Rauchfaß zu schwingen oder vorzubeten. Doch dazwischen liegt gewiß noch so manches Fronleichnamsfest.

* * *

„Hoch über den Häusern künden sie von Freud und Leid, rufen zur Kirche und klagen, je nach Anlaß und Zeit." Das ist es, was mich an den Glocken immer schon fasziniert hat. Daß sie uns ein Leben lang begleiten, von der Wiege bis zum Grab.

Schon als Kind suchte ich ihre Bekanntschaft. War es doch der Traum aller Buben damals im Markt, einmal, ein einziges Mal nur, von der Spitze des Kirchturms hinunterzuschauen auf den Ort. Und in der Tat, es gelang mir, wenn auch mit Hilfe eines Freundes, der mich eines Tages mitnahm, hoch hinauf ins Gebälk.

In vollen Zügen habe ich es genossen, dieses Glück, hier oben bei den Glocken zu sein!

Ein langer Aufstieg, zunächst über Stufen, dann auf Leitern, hatte uns bis in die Laterne, direkt unter das Zügenglöcklein geführt. Die frische Luft tat gut, denn der Geruch hunderter im Inneren des Turmhelms hausender Fledermäuse war kaum weniger schrecklich als deren Aussehen, und da die Sonne kräftig vom Himmel schien, war es außerdem drückend heiß. Dafür bot sich uns ein herrlicher Blick über die Dächer des Marktes bis weit in die Noth, auf das Kreuzstöckl und den Tredlhof.

War einst Gefahr im Verzug, so wurden nicht nur die Glocken geläutet. Dann hängte man oben beim Zügenglöcklein am Tag auch eine Fahne und des Nachts ein Licht aus dem Turm, um die Richtung anzugeben, aus der sie drohte. Bald aber war es nur mehr der Tod eines Menschen, der das Zügenglöcklein zum Klingen brachte. Meist nach der Frühmesse ertönte seine helle Stimme, und an der Länge der Pausen konnte man erkennen, ob da jemand aus dem Markt gestorben war oder einer von außerhalb.

Mein Begleiter mahnte zum Abstieg. Ich mußte vorangehen, worauf er die Luke über sich schloß, sodaß wir fast im Dunkeln die Leitern abwärts kletterten. Unten, bei den anderen Glocken, war es wieder hell. Jetzt kamen sie mir noch mächtiger vor als beim Aufstieg. Vor allem die größte hing schwer und wuchtig an ihrem Platz. Irgendwie unnahbar erschien sie mir, so als ob sie sich ihres Vorranges bewußt gewesen wäre. Sie wurde nämlich nur zu besonderen Anlässen geläutet, an hohen Feiertagen oder bei einem

Begräbnis erster Klasse. Ein solches gab es damals noch. Da waren die Pferde aufgeputzt, Windlichtträger flankierten den Leichenwagen, und auch die Gewänder des Pfarrers und der Ministranten trugen der bedeutenden Stellung des Verstorbenen Rechnung. Wurde ein „Normalsterblicher" zu Grabe getragen, ging es dabei schon weniger pompös zu. Ganz zu schweigen von den Toten aus dem Altersheim. Nur ein kleines Geläut begleitete sie hinaus auf den Friedhof, wo ein sogenanntes Armengrab ihrer harrte.

Bei Umzügen und Begräbnissen ist das Läuten stets Sache der Ministranten gewesen. Die Seile waren lang genug, um dies auch von ganz unten tun zu können, wie es am Beginn der Messe, bei der Wandlung oder beim Ave denn auch geschah. Doch weniger anstrengend und nicht nur aus diesem Grund beliebter war es, oben, gleich unterhalb der Glocken, am Seil zu ziehen. Da gab es in den Pausen Kletterübungen im Turm oder andere, nicht minder gefährliche Spiele. Solange die Orgel in vollem Einsatz stand, konnte es ein wenig lauter hergehen, nur wenn plötzlich Stille eintrat, wurde es kritisch. Ein im ganzen Kirchenraum, ja selbst in der Sakristei noch deutlich vernehmbares Gepolter zeitigte eines Tages so schlimme Folgen, daß sie mir heute noch in lebendiger Erinnerung sind, ebenso wie der Rauch, der aus einem der Turmfenster aufstieg ...

Zehn Jahre später wurden die Glocken elektrisch geläutet, und was früher vieler Hände bedurfte, vermochten von nun an die Finger einer Hand ganz leicht auszuführen. Wie dem auch sei, die Freudentage des Menschen begleiten sie immer noch, die Glocken, und wie eh und je läuten sie auch seine Todesstunde ein.

DAS GARTENHAUS

Ist man auf der Suche nach nicht Alltäglichem, nach Menschen, deren Leben Aufmerksamkeit erregt, oft auch Unverständnis hervorruft, stößt man unweigerlich auf Franz Eisenführer. Doch wirklich anzutreffen ist er selten, denn immer noch ist der inzwischen Zweiundsiebzigjährige viel unterwegs, wenn auch nur mehr auf heimatlichen Straßen. Mit dem Fahrrad, im selbstgeschneiderten Steireranzug und mit dem Rucksack auf dem Buckel. Im Markt, hinein in die Noth oder nach Waidhofen.

Früher hat er Italien, Frankreich, Belgien, Holland bereist, dann zweiundzwanzigmal Siebenbürgen besucht – und ist dort hängengeblieben, zumindest was sein Denken und Handeln anbelangt. Freilich, seither hat sich auch für ihn so manches verschoben in der Hierarchie der Werte: Einst scheinbar Wichtiges ist mittlerweile unwichtig geworden, und von den vielen Wünschen ist bloß einer übriggeblieben. Nämlich, etwas zu schaffen, das zwar keiner versteht und von dem nur er selber überzeugt ist. Das er aber als sein Lebenswerk betrachtet. Und das er, solange er dazu imstande ist, mit aller Kraft betreiben wird.

Nur mit Mühe haben sich meine Augen erst an das Dunkel hinter der Tür und dann an das grelle, durch das einzige Fenster in den kleinen Raum des Gartenhauses fallende Licht gewöhnt. Ohne Elektrizität und ohne Heizung sei das Haus nur im Sommer wirklich zu gebrauchen, meint er. Doch komme er gerne hierher. Um seine Kleider auszubessern, wie eben jetzt, da er gerade an einem schadhaften Rockärmel arbeitet. Um zu lesen oder, wenn er auch davon genug habe, um nachzudenken. Deshalb lade er sich auch selten jemanden ein, sodaß es hier nur einen einzigen Stuhl gebe. Ich müsse daher mit etwas anderem vorliebnehmen, setzt er fort, rückt einen an allen Ecken und Enden abgeschundenen Koffer zurecht und bedeutet mir, darauf Platz zu nehmen.

Während er sich wieder seiner Tätigkeit zuwendet, blicke ich mich um. An den Wänden Bücher, bis an die Decke reichende Stellagen voll mit Rollen, Zeitungen und Plänen, Reisebeschreibungen und Landkarten. Auch eine Stätte der Erinnerung, unterbricht er mich in meinen Gedanken, richtet sich auf und schaut mir ins Gesicht.

Trotz der im Laufe der Geschichte sicher vielen Eisenführer gebe es nur zwei dieses Namens, die in Ybbsitz tatsächlich für Gesprächsstoff gesorgt hätten, meint er lächelnd: Den schon im ersten Urbar des Stiftes Seitenstetten genannten „Ductor ferri" und schließlich ihn. Dieser, weil er als der älteste Nachweis hier ansässiger Eisenverarbeitung gelte, und er seiner für viele unbegreiflichen Ideen wegen. Dabei sei er gar nicht in Ybbsitz geboren, sondern in St. Leonhard am Walde auf die Welt gekommen, im Jahre 1927, und den Älteren dort noch als „der Graber Franz" – sein Vater, Großvater und Urgroßvater waren Totengräber gewesen – bekannt. Zwei Jahre später zogen seine Eltern nach Sonntagberg. Und weil der Platz auch dort zu eng geworden war, kam der knapp Vierjährige als Ziehsohn zu einem kinderlosen Ehepaar nach Ybbsitz. Bei seiner Tante Anna und deren Mann Georg Hirtl, seines Zeichens Schneidermeister am Hubberg, wuchs er also auf, besuchte die Volks- und Hauptschule, absolvierte 1941 sein „Landjahr" und begann anschließend die Lehrzeit als Schneider, die er nach Fronteinsatz, Verwundung, Lazarett und Gefangenschaft 1946 glücklich zu Ende brachte.

Keine leichte Zeit, seufzt er, besonders weil er es als Kind nie habe begreifen können, von seinen Eltern alleingelassen worden zu sein.

Draußen bewegt ein leichter Wind die herabhängenden Zweige eines Baumes. Schatten huschen lautlos durch das Fenster in den Raum. Während er weitererzählt, senkt er seinen Kopf noch tiefer über das auf seinem Oberschenkel liegende Kleidungsstück, von Zeit zu Zeit hält er es gegen das langsam schwächer werdende Licht und legt es schließlich beiseite. Vierzig Jahre ist es her, daß er sich als Herrenschneider in Ybbsitz niedergelassen hat. In einer nicht allzu hellen Werkstatt, über deren Eingang eine selbstgefertigte Holztafel vom hier tätigen „Kleidermacher Franz Eisenführer" kündete. Freilich nicht für lang, denn die Welt da draußen, abseits von Nadel und Zwirn, zog ihn mächtig an. Vater Staat bot zwar in finanzieller Hinsicht wenig, dafür aber etwas, das er bisher schmerzlich vermißt hatte: die Begegnung mit Menschen. Briefe, Pakete und Telegramme beflügelten von nun an seine Phantasie, einer Wallfahrt nach Rom folgten sechs weitere, wann immer es die Pflicht zuließ, war er unterwegs. Seine Heirat, die Geburt der Kinder, auch der Bau seines Hauses waren nur Stationen auf einem weiten Weg, auf Dauer halten konnte ihn das alles nicht. Lourdes, Tschenstochau, Ungarn, die Slowakei, Jugoslawien und 1980 dann die große Freiheit. Krankheitshalber pensioniert, fand er bald darauf Heilung und, was er heute als eine Fügung ansieht, in Rumänien ein neues Ziel.

Jetzt ist er bei den Dingen angelangt, die ich genauer wissen möchte, hier beginnt das Besondere an Franz Eisenführer. Drinnen, am Fuße des Nothberges, hat er vor Jahren den Strunzhammer gekauft. Hat dessen Giebelfront blau bemalt und sie mit Jahreszahlen und Schriftzügen versehen. Dutzende Wanderer bevölkern an schönen Tagen die Schmiedemeile, bleiben verwundert vor dem Gebäude stehen, bitten zufällig vorbeikommende Einheimische um Auskunft. Was es denn für eine Bewandtnis habe mit der Aufschrift „Gemeinschaft Siebenbürgen – Soziale Selbsthilfe" an diesem ehemaligen Hammerwerk? Und nicht nur Ybbsitzer fragen sich, welchen Schluß man daraus ziehen solle, daß in Pfaffenschlag bei Lunz am See ein seit zwanzig Jahren leerstehender riesiger, als Hotel geplanter Rohbau kürzlich den Besitzer wechselte, den Schlüssel dazu aber Franz Eisenführer hat?

Nach dem Besuch im Gartenhaus ist mir vieles klargeworden, wenn auch nicht alles. Was er von seinen Fahrten nach Siebenbürgen zu erzählen wußte, all die Not, die Hilflosigkeit vor allem der alten Menschen dort, hat mich beeindruckt. Und seine seit Jahren verfolgten Absichten, immer wieder Objekte ausfindig zu machen, um diesen nach Österreich rückgeführten Landsleuten einen Aufenthalt zu bieten, erst recht. Daß jedoch ausgerechnet der wegen seiner wertvollen Inneneinrichtung unter Denkmalschutz stehende alte Hammer solchen Zwecken dienen sollte, überraschte auch mich.

Einige Tage später bitte ich ihn, mich darin ein wenig umsehen zu dürfen. Das ansteigende Straßenstück ermöglicht ein kurzes Gespräch, er tritt langsamer in die Pedale, hält schließlich an. Ich würde nichts sehen, meint er, es sei stockfinster da drinnen, außerdem verstellten ein paar Sachen den Weg. Koffer, Matratzen, Schachteln – alles für seine Freunde, die er demnächst erwarte. Von ihm selber in jahrelanger mühevoller Arbeit hierher transportiert, im Sommer mit dem Fahrrad, im Winter mit dem Schlitten. Die Maschinen unter sich begrabend, sich auftürmend bis oben an die Fenster. – Ich weiß davon.

Trotzdem, noch einmal das Ersuchen. Er winkt ab. In einigen Monaten vielleicht, aber versprechen könne er das auch nicht.

Daß ich auf diese Weise niemals hinter das Geheimnis des Franz Eisenführer kommen würde, wird mir mit einem Schlag bewußt. Aber ist das Ganze für ihn nicht ohnehin schon ein abgeschlossenes Kapitel? Jetzt, da wenige Gehstunden von hier entfernt ein neues, viel umfangreicheres aufgeschlagen wird?

Um Abstand zu gewinnen, flüchte ich mich in Vergangenes. Bald nach der Stillegung des Werkes im Jahr 1975 habe ich dort Innenaufnahmen gemacht. Gänzlich frei, weil noch unverstellt von Eisenführers „Hausrat", präsentierten sich damals Schwanzhämmer, Essen und Werkzeuge, hingen Zangen an den Wänden. Tiefe Ruhe war eingekehrt. Dann folgten Jahre der

Ungewißheit. Fachleute, Eisenfreaks begannen sich für das Objekt zu interessieren, mehr jedoch nicht. Die Zukunft des Hammers war fraglicher denn je. Wird er wirklich zu jenem Museum, zu jenem Heimathaus, von dem Franz Eisenführer immer noch träumt? Oder geht er wieder einmal in andere Hände über? So oder so, die Akte „Strunzhammer" füllte zu dieser Zeit jedenfalls Bände. Aber was weder er noch ich damals wissen konnte: Als einige Zeit später die Akte tatsächlich geschlossen wird, findet auch sie im Gartenhaus ihren Platz.

Gelegentlich komme ich daran vorbei. Die Läden sind meistens zu, die Zweige der Obstbäume verdecken, zumindest von der Straße aus, die Sicht auf jenen Teil im Obergeschoß, der mich immer noch beschäftigt. Mit seinen Büchern, den halboffenen Kartons, den Koffern und der sorgfältig verwahrten Tafel, auf der in feinsäuberlicher Schrift das Wort „Kleidermacher" zu lesen ist, sein erster Beruf.

Manchmal aber steht das Fenster offen. Da sitzt er dann, näht oder hängt seinen Gedanken nach. Die Kindheit, seine Jahre bei der Post, die vielen

Dienste als Mesner oder Vorbeter werden wieder lebendig, mehr noch: das Heranwachsen seiner beiden Töchter und – eingedenk seines eigenen Schicksals – die Aufnahme eines Vollwaisen in die Familie. In den Sinn kommen ihm auch die historischen Ereignisse in Rumänien, die er zum Teil selbst miterlebt hat. Er erinnert sich, wie er Kontakt aufgenommen hat zur Gründerin der „Gemeinschaft Siebenbürgen Solidarität", der Lunzer Schriftstellerin Elisabeth Kraus-Kassegg, und freut sich, daß das neue Haus dereinst ihren Namen tragen wird. Zählt insgeheim die vielen von ihm verfaßten Briefe und Bittschreiben, die persönlichen Vorsprachen bei Landeshauptleuten, ja sogar Ministern. Nun, da er sich vor einer neuen Aufgabe sieht, wird er die Sonne wohl brauchen, denkt er, und wieder öfter die Nachmittage hier verbringen. Wie immer, wenn er Ruhe sucht. Wie immer, bevor der Winter kommt und es hier kalt wird.

Eines hat ihn dann doch überrascht: So verfahren die Sache auch war, einige Monate später fand sich für sein Hammerwerk ein Käufer. Eiserne

Vögel, ebensolche Insekten und anderes Getier sollten von nun an die Stätte bevölkern. Draußen im Ort war einem „Ferro-Ornithologen", wie sich einmal jemand auszudrücken pflegte, sein Haus zu eng geworden. Er griff tief in die Tasche und beschloß, in Zukunft seine luftigen Gestalten im alten Strunzhammer herzustellen.

Dem Franz Eisenführer war das recht. Er regelte den Abtransport seiner Schätze nach Pfaffenschlag, trank auf das Wohl des neuen Hammerherrn und ging, ganz entgegen der Jahreszeit, bald darauf hinüber in sein Gartenhaus. Dort legte er die ihm verbliebenen Aufzeichnungen zusammen, umwickelte das Ganze mit einer Schnur und verstaute es zuoberst in einem Regal. Für das Weitere hoffe er jetzt auf den Frühling, sagt er, als ich ihn wieder treffe.

Ob ich die Geschichte einmal fortsetzen könne?

Vielleicht. Jedenfalls würde ich ihn zu finden wissen. An warmen Tagen im Gartenhaus.

HINTER ALTEN MAUERN

Wie schön die Welt doch ist. Besonders jene nahe, heimatliche, wie ich sie in den beiden vergangenen Jahren auf der Suche nach einsamen Häusern durchstreift habe. Und wie still sie ist, erlebte ich ebenso, als ich solche Häuser fand und mich mit ihrer Geschichte auseinandersetzte.

In einem Seitental eines der Ybbsitzer Hausberge liegt das Gehöft „Loimersreith". Von hier hatte einst die Walcherbergerin nach Windhag geheiratet. Doch seit dem Tod ihres Bruders steht es leer. Niemand wußte damals, wie es mit dem Hof weitergehen sollte. Nun, man würde schon sehen, zunächst einmal galt es den Winter zu überdauern.

Schon die Landschaft entschädigt für die mühsame Fahrt bis zu jener Stelle, wo ich das Auto zurücklasse. Über Nacht hat es geschneit, jetzt aber strahlt die Sonne vom Himmel, nur hinten im Tal macht sich noch der Schatten breit. Über den gegenüberliegenden Hängen des Maisberges blitzt es blau. Ich genieße den Blick, die klare Luft, erfreue mich am blendenden Weiß des Schnees. Längst schon in Sichtweite des Hauses, geht es fast eben dahin, ab und zu rieselt Firn von den Bäumen, dann, nach etwa zehn Minuten, bin ich am Ziel. Ich sehe mich um: Hinten die Scheune, eine verfallene Zufahrt, zwischen herausgebrochenem Holz sichtbar wird altes Gerät, anschließend der Stall, vorne, im rechten Winkel angebaut, der Wohnteil – alles in allem die typische bäuerliche Hofform dieser Gegend. Auch ein nach Osten ausgerichteter Zubau kommt ins Bild. Er ist wohl aus dem späteren Bedürfnis nach mehr Raum entstanden, hat dieselben kleinen Fenster und lehnt sich talseitig an den alten Baubestand.

Noch bin ich allein. Die Tür ist versperrt, nur aus dem Stall dringt das Geräusch von Tieren zu mir. Sie wurden am Morgen versorgt, geben sich nun der Ruhe hin, denn sie erwarten niemanden um diese Zeit. Erst am Abend wird der tagsüber auswärts beschäftigte jüngste Sohn der Walcherbergerin von Windhag herüberkommen, das Vieh füttern und tränken, den Stall ausmisten und zu Ende bringen, was sonst noch an Arbeit zu tun übrigbleibt. Meist jede zweite Woche ist die Mutter da, kümmert sich um Küche und Keller, putzt die Stube und sieht auch anderweitig nach dem Rechten. Das wird auch heute so sein, wenngleich sie sich bereits verspätet hat.

Während ich auf sie warte, mache ich mir so meine Gedanken. Nicht über die Walcherbergerin. Sie ist diesen Weg oft genug gegangen, in ihrer Schulzeit und auch später, wenn sie ihre Eltern besuchte, oder den Bruder. Dann nach dessen tragischem Tod, als sie Tag für Tag hierherkam, um das Haus und die Wirtschaft zu besorgen und das Nötigste zu regeln. Nein, ich denke an andere Fälle. An Höfe, die solche Schicksalsschläge nicht überlebt haben, für die das Hinaussterben der letzten, oft ohne Nachkommen gebliebenen Besitzer zugleich das Aus bedeutet hat. Hier am Loimersreith gibt es im Winter Sonnenschein zumindest für ein paar Stunden am Tag, anderswo fehlt er das halbe Jahr und somit auch der Anreiz, solche Lagen überhaupt zu bewirtschaften. So mancher Flurname, das wissen wir, erinnert an längst abgekommene Häuser, und keineswegs zufällig zeugen Doppelbezeichnungen von Zusammenlegungen und allein noch bestehender Obstbaumbestand davon, daß er einst zu einem Anwesen gehörte.

Solches geht mir durch den Kopf, als ich vom Eingang zur Holzhütte aus die ersten Sonnenstrahlen erspähe. Schatten wachsen über das Dach, sinken langsam wieder zu Boden und verlieren sich im Geäst der sich an den Hausmauern emporrankenden Spalierbäume, dazwischen Schneereste und das Eis von gestern. Plötzlich dringt das Geräusch eines Traktors in die Stille, doch vollends bringt mich erst das bekannte Lachen der Walcherbergerin in die Wirklichkeit zurück. Sie hat also Wort gehalten, kommt bald darauf mit einem Korb in der Hand um die Ecke und begrüßt mich.

Jetzt, da die Sonne endlich da ist, treibt es mich ums Haus. Der Wald, die vielen Obstbäume, ein wenig unterhalb ein Teich, mit Schnee bedeckt die Eisfläche. Der Blick von oben auf diese so friedliche Idylle – ich nehme die Kamera zur Hand, fotografiere, entdecke so manches Detail am Stadeltor und beende meinen Rundgang erst, als ich Rauch aus dem Schornstein aufsteigen sehe, geradewegs in den blauen Himmel. Rauch, der mich lockt, die schützende Wärme einer Stube aufzusuchen.

Vor der Tür liegt jetzt frisches Tannenreisig, die Spur zur Hütte ist breiter geworden. Die Walcherbergerin hat während meiner Abwesenheit Holz geholt und in der Küche Feuer gemacht. Als ich in das Vorhaus trete, ist sie schon im Stall. Nicht nur zu Hause am Walcherberg, auch hier hat sie ihre Lieblinge. Ich höre sie mit ihnen reden, kann mir vorstellen, wie sie mit den Händen gerade über ihre Köpfe fährt, sie streichelt.

Eine Stärkung gibt's, sagt sie, während sie die paar Stufen hochsteigt, die vom Stall in den Wohntrakt führen, und meint damit eine kräftige Jause. Kaltes Fleisch und Brot stehen bereits auf dem Tisch, auch gekochte Eier und Äpfel. Sie selbst macht sich noch am Herd zu schaffen, nimmt kochendes Wasser von der Platte und bereitet den Tee.

Ich lange zu, das Herumstapfen im Schnee und die Kälte haben mich hungrig gemacht. Immer wieder fällt mein Blick auf die alte Holzdecke im Nebenraum, auf den Herd mit seinen geheimnisvollen Schiebern und Zusätzen, auf den vergilbten Kalender an der Wand, die Glocken im Radio läuten den Mittag ein.

Kaum eine Stunde später steht ihr Sohn in der Tür. Er kommt unerwartet früh. Es sind Pläne für die Zukunft, für einen oberhalb des Hauses neu zu errichtenden Hof, die ihn jetzt, mitten im Winter, veranlassen, behördliche

Dinge zu erledigen. Begeisterung spricht aus seinen Worten, als er mir dessen neue Lage erklärt und dessen zukünftiges Aussehen beschreibt. Meiner sorgenvollen Frage aber, was dann mit dem alten geschehe, weicht er aus. Ihn dränge die Zeit, meint er, schlingt ein Stück Kuchen hinunter, und schon ist er wieder draußen.

Es ist still geworden im Raum. Behutsam legt die Walcherbergerin etwas in eine Schachtel zurück, es sind Bilder aus der Kindheit, die sie noch immer hier verwahrt. Vielleicht kommt es aber auch ganz anders, sagt sie, und setzt dann, während sie auf die Fotos zeigt, mit eigenartiger Stimme fort: Sonst wird wohl das da das einzige sein, das einmal an das Haus erinnert.

Was selten geschieht und nur dann, wenn etwas schiefgegangen ist – ich fotografiere einige Tage später noch einmal bei diesem Haus. Föhn hat die weiße Pracht zerstört, der Himmel ist grau verhangen, an der Haustür liegen, vom Wind zusammengetragen, braune Blätter. Keine Bilder also, die geeignet sind für mein Buch. Nichts davon erinnert an jenen sonnigen Tag mit dem blendendweißen Schnee und der klaren, kalten Luft. Vielmehr zeigen sie die andere, die widrige Seite: Nässe, Regen, Sturm. Dinge, die sie hier ebensooft erlebt hat, meint die Walcherbergerin nachdenklich, als ich ihr einige Zeit danach die Fotos nach Windhag bringe, und legt diese bei ihrem nächsten Besuch im Elternhaus zu den übrigen.

* * *

Namen, die auf die einstige Bedeutung von Kohle und Eisen hinweisen, sind Schwarzlucken und Schwarzois. Um dorthin zu gelangen, muß man zunächst nach Ybbsitz und von da nach Osten in Richtung der kleinen Wallfahrtskirche Maria Seesal fahren, sodann den Bach entlang bis zur Zwieselbrücke. Linker Hand erreicht man über eine Höhe Bodingbach und Lunz am See, rechts, am Ursprung der Schwarzen Ois vorbei, geht es auf den 1339 Meter hohen Friesling. Geradeaus verengt sich das Tal nach Süden – vor uns liegt jenes entlegene Gebiet, von dem nun die Rede sein soll.

Auf dem Weg dorthin steht ein vor Jahren schon verlassenes kleines Haus. Nur kurz erhellt die Sonne das mit Stroh gedeckte Dach und spiegelt sich traulich in einem winzigen Fenster an der vor dem Dunkel des Waldes aufleuchtenden Giebelfront. Eine Brücke führt mich hinüber, ich stapfe durch den Schnee, steige über den Zaun und blicke durch die angelehnte Tür.

Modergeruch schlägt mir entgegen. Am Boden liegt Laub, herabgefallenes Mauerwerk. An der Rückseite ist alles noch trostloser, es bietet sich ein Bild der Hoffnungslosigkeit. Es sei ja kaum etwas daran gewesen an diesem Haus, wird mir bedeutet, als ich beim Nachbarn gegenüber Näheres über den letzten Besitzer erfahren will und nach den Gründen des Verfalls frage. Vor ein paar Jahren allerdings seien Vorbeikommende noch stehengeblieben, hätten die grün bemalten Fensterläden und im Sommer die vielen Blumen davor bestaunt. Damals sei es auch oft fotografiert worden. Aber jetzt?

Mit Verwunderung begegnet man meinen Fragen, denkt sich vermutlich seinen Teil und ist, als ich mich verabschiede, offensichtlich ganz froh darüber.

Zur Brücke zurückgekehrt, steige ich in mein Auto. Während ich den ebenen Talboden entlangfahre, kommt mir etwas anderes in den Sinn. Gestern, etliche Kilometer von hier entfernt in Richtung Gresten, hoch über der Straße, entdeckte ich ein anderes verlassenes Haus. Auch dort nur um die Mittagszeit ein wenig Sonne, auch dort der Wald, die kleinen Fenster und die Tür, auch dort kein Lebenszeichen. Und dennoch nicht dieses Gefühl der Hoffnungslosigkeit, wie ich es eben erlebt habe! Es schien mir, als sei man eben erst von hier fortgegangen. Das Mauerwerk, das Dach, der Kamin und die Nebengebäude, alles war noch intakt. Doch wie lange noch? Will auch dort niemand mehr einziehen? Schlägt auch diesem Haus schon bald die Stunde?

Alle diese Fragen begleiten mich auf meiner Fahrt durch das Tal. Nach einer kleinen Kapelle wird die Straße kurvenreich und schmal. Dann tauchen, kurz vor einer Brücke, hoch oben plötzlich die Türme der Kirche von Maria Seesal auf. Auf halber Höhe die sogenannte Ursprungskapelle, direkt darunter ein Sägewerk und das Gasthaus. Zu beiden Seiten bis zum Bach herabsteigender Wald, da und dort von schmalen Wiesen und einzeln stehenden Häusern unterbrochen, so zieht die Landschaft an mir vorbei. Wird der Blick freier, sind hinter Bäumen versteckt liegende Gehöfte auszunehmen, aus engen Seitentälern münden winzige Gräben.

Unmittelbar nach der Abzweigung hinüber nach Lunz oder auf den Friesling komme ich in die Aschau. Das heute nur noch zeitweilig bewohnte Forsthaus, an den Waldrändern zahlreiche Futterplätze – es war, ja es ist immer noch die Welt des legendären Försters Franz Fluch. Mir ist, als vernähme ich deutlich seine Stimme, die damals, vor vielen Jahren, als er mir von seinem Leben erzählte, trotz seines hohen Alters recht kräftig klang. Auf der Bank vor der jetzt in Trümmern liegenden Hütte saßen wir einen Nachmittag lang in der Sommersonne und plauderten. Ich erfuhr nicht nur, weshalb es ihn 1947 aus der Steiermark hierher verschlagen hat, sondern auch von seinen Erlebnissen mit geflüchteten russischen Gefangenen und den Besatzern selbst. Die Einsamkeit habe viele angezogen zu jener Zeit, meinte er, da galt es zu handeln, nicht nur ordnend einzugreifen, nein, auch

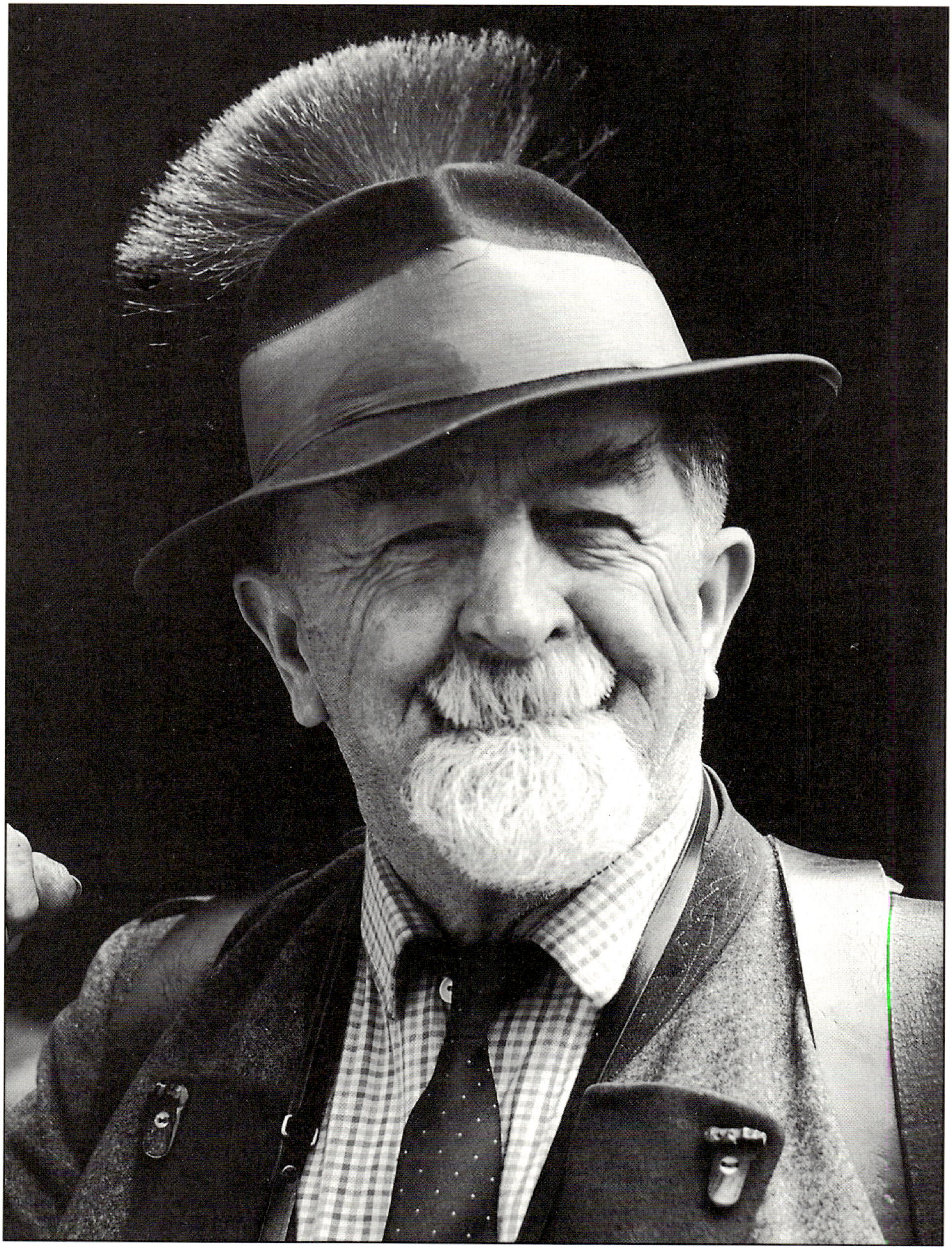

zu helfen. Wilderer kamen in seinen Erzählungen ebenso vor wie der beschwerliche Alltag im Holz und die viele Arbeit mit dem Heu im Sommer, das im Herbst hoch oben in Hütten gelagert und im Winter verfüttert werden mußte. Die Jagd trat dann meist in den Hintergrund, nur krankes oder verletztes Wild beschäftigte ihn oft lange.

Nach einem kurzen Fußmarsch den Bach entlang führt der Weg nach links eine Steigung hinauf. Vor mir tauchen die Umrisse eines Bauernhauses auf, noch macht es das schwache Licht schwer, Einzelheiten zu erkennen. Doch dann, welch ein trauriger Anblick! Der rückwärtige Teil ist fast völlig zerstört, die Fenster vorne sind leer, in den Räumen liegt Schutt und auf dem steilen schindelgedeckten Dach Schnee, der langsam nach unten versickert.

Es ist der erste dem Verfall preisgegebene Hof, den ich auf meiner Wanderung entdecke, wenn auch nicht der letzte. Denn kurze Zeit später bietet sich mir dasselbe Bild. Verwahrlost sind Stall und Stadel, der Blick von der offenstehenden Haustür durch den Vorraum führt direkt ins Freie. Immer noch eindrucksvoll ist jedoch das Gewölbe, in der Stube fällt die schöne

Holzdecke aus dem vorigen Jahrhundert auf, vor den Fenstern stehen Obstbäume von bizarrem Wuchs.

In dieser Gegend also war es gewesen. Hier hatte er viele Jahre seines Lebens zugebracht, und hier lebt er auch in der Erinnerung weiter. Als ich daran denke, läßt der Anblick der umliegenden Wiesen, läßt das Rauschen des Baches seine Stimme wieder lebendig werden. Vom Füttern ist ja gerade die Rede gewesen, und auch vom Heu, das auf diesen Wiesen geerntet wurde. Ganz deutlich höre ich seine Stimme aber, als ich mir die Geschichte mit den Fischen ins Gedächtnis rufe. Denn nicht nur für den Forst und die Jagd war Franz Fluch damals zuständig gewesen, sondern auch für die Fischerei. Lebend, so hatte sein Herr, der Graf, ihm aufgetragen, lebend und frisch müsse er sie ihm bringen, die Fische, sodaß nur der kürzeste Weg hinüber nach Gresten für den Transport derselben in Frage kam. Schon in aller Herrgottsfrühe war er daher unterwegs gewesen, ist auf seinem Fahrrad über die Höhe gestrampelt und dann kilometerweit bis zum Schloß. Die prüfenden Blicke und mitunter auch den Tadel des Herrn, der geringen Größe der Fische wegen, all das hat er ohne zu murren auf sich genommen. Nur, daß er den Fang in den umliegenden Gasthäusern dann auch noch hatte verkaufen müssen, das war beileibe nicht nach seinem Geschmack.

Nach einer Weile bleibe ich stehen und sehe mich um. Hinter mir das noch von der Sonne beschienene Tal, vor mir bereits tiefe Schatten. Von hier ist es nur mehr ein kurzes Stück bis zum nächsten Haus und schließlich zum letzten. Verlassene Stätten auch diese, wenngleich zunächst mit dem Anschein zeitweiliger Nutzung, dann aber stößt man nur noch auf verfallendes Mauerwerk und eingestürzte Decken – Resignation macht sich breit. Was hier allein noch weiterführt, ist der Weg. Er trifft weiter unten auf einen zweiten und verschwindet dann hinter einer Biegung.

In der letzten halben Stunde ist Wind aufgekommen, die Luft riecht nach Schnee. Wieder glaube ich des Försters Stimme zu vernehmen. Von der Winterarbeit plaudert er, von jenen Tagen, die er mit dem Ausstopfen von Vögeln und dem Präparieren von Gamsköpfen zubrachte. Sogar in der Steiermark, wo er einst von seinem Forstmeister in diese Kunst eingeführt worden war, erinnerte man sich gerne seiner Fertigkeit und schickte ihm Aufträge zu. Jetzt, im Ruhestand, seien es freilich nur mehr Gamsbärte, die er zur Bearbeitung übernehme, doch auch das verlange genug Arbeit und Fingerspitzengefühl.

Nachdenklich mache ich mich auf den Rückweg. Noch stiller, noch einsamer ist diese Gegend geworden. Viele Höfe bestehen nicht mehr, bloß Haus- und Flurnamen künden von ihnen. Rufen Erinnerungen wach an die Betriebsamkeit, die einst in diesem Tal herrschte, als Tag und Nacht die Meiler brannten, Holz als Rohstoff für die Kohle und diese wiederum für das Feuer in den Essen Verwendung fand. Das ganze Jahr über rollten die Fuhrwerke hinaus, gerade in dieser Gegend weiß man von jahrhundertelangen Grenzstreitigkeiten, die kein Ende nehmen wollten, so wichtig war der Wald für die alte Industrie – bis die Nutzung anderer Energieformen deren Niedergang einleitete. Die beiden Weltkriege und ihre Folgen, die bald einsetzende Landflucht, die Rationalisierung taten ein übriges, selbst die Försterstelle wurde nach dem Abgang des Franz Fluch nicht mehr nachbesetzt. Nur die nächstgelegenen Futterstellen betreute er noch, und gerne erzählte er Besuchern seine Geschichten. Vom schweren Anfang hier, von der Arbeit bei den Holzknechten und, wenn es einer unbedingt wissen wollte, auch die Sache mit den Fischen. Im Jahr 1974 erwarb er das Haus. Mit seinem Tod zehn Jahre danach ist es auch hinter den Mauern des Forsthauses stiller geworden und im Tal noch einsamer als zuvor.

Dieser Tag war der letzte auf meiner Suche nach alten Häusern. Am Maisberg, auf der Grestner Höhe und im Tal der Schwarzen Ois, wo ich gleich mehrere fand, deren Schicksal entweder schon besiegelt oder deren Zukunft ungewiß ist. Ein langer Winter stand bevor, neue Aufgaben warteten auf mich, ich befand mich, angesichts der Fülle wesentlich erfreulicherer Themen, im Zweifel, ob ich über das Erlebte überhaupt schreiben sollte.

Ich tat es dennoch. War denn da nicht auch noch ein klein wenig Hoffnung? Galt es nicht auch anderes vor dem Vergessen zu bewahren? Gab es da nicht auch die Erinnerung an diesen schönen Sommernachmittag auf der Bank hinter dem Haus – und an ihn, den Förster Franz Fluch?

DIE KLEINE UND DIE GROSSE WELT

Ehemals eine gute Gehstunde von Ybbsitz entfernt, heute von zwei Seiten auch verkehrsmäßig erschlossen, befindet sich in der Katastralgemeinde Haselgraben das Bauernhaus „Ekamp". Der Bauweise der für diese Gegend typischen Doppel-T-Höfe gemäß, ist der Wohntrakt gegen Sonnenaufgang ausgerichtet, parallel dazu ist der Stadel angeordnet, und dazwischen sind Stall und Otter situiert. Lediglich die Zufahrt zu letzterem, bei hangseitiger Lage fast eben, führt aufwärts – das Gehöft liegt direkt am Rücken des von da an sanft nach Osten hin abfallenden Hubberges. An der südlichen, weißgetünchten Hauswand umranken Spalierbäume, Weinreben und Blumen die winzigen Fenster, darüber bis oben hin braunes, verwittertes Holz. Im Inneren die Stube, die Küche, dann das Vorhaus sowie an der Nordseite die Speicher- und Vorratskammern. Über allem das bemooste, noch mit Stroh gedeckte Dach, ein Kamin und gerade im Herbst oft der blaue Himmel.

    Drinnen in der Küche reiße ich den Altbauern aus seinen Gedanken. Er sitzt am Tisch, von den Fenstern her dringt wie durch zwei müd gewordene Augen ein wenig Licht in den Raum. Holz überall, vor dem Ofen, an der

Decke, im Herrgottswinkel. Efeu umkränzt das Kruzifix, fällt neben kleinen bunten Vorhängen nach unten und vermittelt so den Eindruck eines zusätzlichen, immergrünen Hausgärtleins.

Ungläubig schüttelt er den Kopf, als ich ihm den Grund meines Kommens nenne. Daß mich das Haus interessiere, vor allem aber sein Leben, von dem mir bisher immer nur andere erzählten, jedoch nie er selbst. Von einer Weltreise hätte ich gehört, von Erlebnissen in fremden Ländern zu Zeiten, als ich gerade erst anfing, zur Schule zu gehen. Von Dingen, die ihn hier beschäftigten, von seinem lebendigen, aber auch von den vielen kleinen hölzernen Pferden.

Jetzt, da er sich über mein Wissen wundert, wird er zugänglicher. Dennoch, wer sollte daran schon Interesse haben! Und überhaupt – er als Hauptperson einer Geschichte? Als ich ihm eine andere, schon fertige vorlese und ihm die dazugehörigen Bilder zeige, willigt er ein. Nur fragen müsse ich, vielleicht komme so manches zum Vorschein, das er längst vergessen habe und ihm nun auch wieder Freude mache.

Abermals fällt der Name Windhag, wo er 1912 als Johann Stiegler im Haus „Kapelln", unmittelbar neben der kleinen Wallfahrtskirche zum heiligen Ägidius, geboren wurde. Da Vater und Mutter früh verstarben, kamen er und seine sieben Geschwister nach Ybbsitz zu Bauern, besuchten dort auch die Schule und erlernten, je nach gebotener Möglichkeit, einen Beruf. Aus ihm wurde ein Zimmermann, was seine lebenslange Beziehung zum Holz erklären mag, die er auch dann noch pflegte, als er schon Bauer hier am Ekamp war. Deshalb also noch das alte, oft gemalte, oft fotografierte und wahrscheinlich letzte bewohnte Holzhaus weit und breit? Das Dach erinnere ihn an schöne Tage, als die Zimmerleute den Strohdeckern Platz machten und deren Geschicklichkeit gefragt war. Wie alte Menschen grau und Blätter braun, werden solche Dächer grün, wenn es dem Ende zu geht, meint er nachdenklich. Noch immer fühle er sich wohl darunter, und am wenigsten hätte daran das Moos zu ändern vermocht.

Von draußen dringen Kinderstimmen herein, und gleich darauf poltert es an der Tür. Ein kleines Mädchen zieht ein Holzpferd in die Küche, setzt sich darauf und beginnt zu schaukeln. Ob es jeder hier vorgeführt bekommt? denke ich. Oder ist es ein Fingerzeig, nun eine ganz andere Seite im Leben des Ekamper nachzufragen?

Es ist das letzte von etwa hundert Pferden, die er geschnitzt hat, bestätigt er. Alle aus Lindenholz, erst für die eigenen Kinder, dann nach und nach auch für fremden Bedarf. Im Winter, wenn die Arbeit es zuließ oder der Wind gar zu heftig die ausgesetzte Lage des Hauses nützte, saß er in seiner Werkstatt und fertigte neben anderen Gebrauchsgegenständen, Laternen etwa, auch dieses Spielzeug an. Lackierte es, malte Zaumzeug und Sattel darauf und wurde so ein gefragter Mann: Bestellungen liefen ein. War es soweit, lud er zwei, drei oder gar mehrere dieser prächtigen Stücke auf den Wagen, spannte seine Frieda davor und fuhr nach Ybbsitz. Hatte er sich dort seiner Aufgaben entledigt, trat er mit ein wenig Geld in der Tasche wieder den Heimweg an. Und worüber man noch heute schmunzelt – das Gasthaus, im Sommer die Hitze, das ermüdende Rütteln des Wagens und das kluge Pferd machten es möglich: ein schlafender Lenker zog seelenruhig seines

Weges, nahm oben bei der Mühle wie von selbst die Kurve und kam jedesmal unbeschadet heim.

Auch dieser Geschichte wegen ist er bei den Leuten bekannt. Lachend nickt er, rückt das Ganze jedoch in eine ferne Vergangenheit, als der Straßenverkehr solches noch zuließ und mangels anderen Spielzeugs auch hölzerne Schaukelpferde gefragt waren.

1951 hat er auf Ekamp eingeheiratet. Damals lag die Wasserstelle noch unterhalb des Hauses, und nur ungern erinnert er sich an die beschwerliche Zeit, wo jeden Tag für Mensch und Vieh das kostbare Naß in Kübeln mittels eines über die Schultern gelegten Joches heraufgetragen werden mußte. Besonders bei Schnee und Eis bedeutete dies harte Arbeit. – Dann die Erleichterung, als die Elektrizität Einzug hielt im Haus. Vor allem das Betreiben der Wasserpumpe, aber auch anderer Geräte mit Strom war ein Segen. Bis zu zwanzig Stück Vieh im Stall verlangten nach Futter, das Getreide stand auf den Feldern, es war der Alltag eines Bergbauern, der ihm beschert war. 1984 übergaben er und seine Frau den Hof, legten ihn in jüngere Hände, und wieder war es einer aus Windhag, der ins Haus kam, nach der Heirat der Tochter, und hier jetzt Bauer ist.

Seit der Ekamper vor drei Jahren einen Schlaganfall erlitten hat, ist seine Welt klein geworden. Die Küche, der Tisch, das Bett – das ist alles, was ihm geblieben ist. Und die Erinnerung an die große, von der er jetzt nur noch träumen kann.

Längst sind wir allein, im Herd knistert das Feuer. Ich spüre die wohlige Wärme, die Stille und den draußen zu Ende gehenden Tag. Wird er mir davon erzählen? Wird er mich doch noch mit auf die Reise nehmen, auf die Reise von damals?

Den Globus! ruft er unvermittelt, und weiß nicht, ob es außer mir jemand hört. Als sein Wunsch unerfüllt bleibt, schickt er mich hinüber in die Stube, seine Beschreibung paßt zu der abgegriffenen viereckigen Schachtel unter der Bank, und alsbald steht die Kugel auf dem Tisch. Groß, leuchtend – ein Weihnachtsgeschenk seiner Tochter, wie er mir gleich darauf erzählt, und sein ganzer Stolz.

1942 von den Engländern in Nordafrika gefangengenommen, ging es mit dem Schiff von Suez durch das Rote Meer, dann über Ceylon nach Australien, Neuseeland, Hawaii und San Francisco, nach zwei Jahren in Texas durch den Panamakanal bis England und schließlich 1946 über Deutschland nach Wien und von dort heim. Seine Augen glänzen, mit dem Finger der linken Hand folgt er immer wieder dieser Route, während seine Rechte gleichsam die Welt umfaßt, so als ob sie seit damals nur ihm allein gehörte. Immer wieder macht er halt, beschreibt die Landschaft, das Meer, die Menschen und schildert alles so unmittelbar und lebendig, als wäre er gerade von seiner Reise heimgekehrt. Erst das klirrende Geräusch eines Deckels, das vom Herd zu uns dringt, holt ihn in die Gegenwart zurück. Erschöpft und zugleich glücklich, lehnt er sich gegen die Wand, nimmt nach einer Weile den Globus zur Hand – und verstaut ihn in der Schachtel. Bis vielleicht wieder einer kommt und von den Wundern dieser Welt wissen will.

Wie lange dieses alte Haus noch stehen wird? ist meine letzte Frage, die er, so scheint es mir, kaum mehr vernimmt. Er ist müde geworden. Sein

Kopf ist nach vorne gesunken, auf die Brust, und als ich mich verabschieden will, schläft er bereits tief und fest.

Draußen im Vorhaus ist es dunkel. Es riecht nach Obst, an den Wänden stehen Tröge mit Birnen, ein alter Schüsselkorb wird sichtbar, Spielzeug, das Schaukelpferd mitten im Weg. Ich stolpere fast, dann endlich die Tür. Kinderstimmen werden wieder hörbar, kommen näher, verlieren sich, als ich ins Freie trete, hinter dem Haus. Jetzt für ein paar Fotos die Abendstimmung nützen, denke ich. Die Strahlen der Sonne bei der Linde, ihr Spiel im Holzgebälk des Stadels, die letzten am Dach. Ich komme nicht dazu. Statt dessen Hufegeklapper und ein Wagen. Der Fahrer hält nur kurz, dann entschwindet auch er meinen Blicken.

Gleich darauf geht das Licht an hinter den Fenstern.

Ob er noch schläft, gar von einer seiner Reisen träumt?

Als ich am Heimweg noch einmal auf das Haus zurückblicke, glaube ich fast selbst zu träumen. Und allen, denen ich von diesem Haus erzähle, ergeht es ebenso.

DER LETZTE KÖHLER

Er ist eines der heute seltenen Originale. Schon auf Grund seines Humors, vor allem aber der Kohlbrennerei wegen, mit der er sich, seit der Vater ihn dazu angelernt hat, beschäftigt. Die ihn weit und breit bekanntgemacht hat und die zu seinem Lebensinhalt geworden ist. Als letzter Köhler zumindest im Ybbstal legt der nun bald siebzig Jahre alte Stefan Zechberger aus der Prolling noch immer seine Holzstöße zusammen, zündet sie an einem Ende an und läßt sie dann nicht mehr aus den Augen. Lebt praktisch daneben, kommt eine Woche oder länger nicht mehr aus seinen Kleidern und kennt in dieser Zeit nichts Wichtigeres auf der Welt. – Kurz nach Weihnachten, wo es auch bei ihm nicht mehr so hektisch zugeht, hat er mir davon erzählt.

In Maria Seesal ist er auf die Welt gekommen, aufgewachsen aber ist er in dem Bauernhaus „Arming", wohin seine Eltern im Jahre 1936 gezogen sind. Acht Jahre lang besucht er die nicht allzu weit davon entfernte Volksschule, ehe er, das jüngste von sechzehn Geschwistern, nach dem Vater und zwei Brüdern das Kohlbrennen übernimmt. Auf einen Auftrag ist die Familie noch heute besonders stolz. Als man nämlich in St. Florian darangeht, die im Krieg zerstörte „Pummerin" neu zu gießen, wird man auf ihre Kohle aufmerksam, der Vater belädt einen großen Leiterwagen voll damit, fährt mit den Rössern ins Oberösterreichische – und stellt sogar solch anspruchsvolle Kunden zufrieden.

Wir sitzen in der warmen Stube, draußen weht ein eisiger Wind von den Hängen des Stiftswaldes herab, die Bäuerin hat gerade Tee auf den Tisch gestellt, es schneit. Als ich ihm ein erst vor kurzem erschienenes Buch vorlege, in welchem Bilder von ihm zu sehen sind, schaut er zunächst ungläubig und dann doch interessiert. Er wisse eigentlich gar nicht mehr, von wem diese Fotos stammen, sagt er, so oft habe er schon über seine Arbeit gesprochen. Mit den Leuten vom Radio, vom Fernsehen, von der Zeitung. Manche seien dann wiedergekommen, um ihm die Sachen zu zeigen, andere wieder nicht. Warum man sich so sehr damit beschäftigt, leuchtet ihm jedenfalls nicht ein.

Nachdenklich blättert er die Seiten durch. Besenbinder, Strohdecker, Schindelmacher – ja, alles fast schon abgekommene Handwerke. Auch er habe Mitte der siebziger Jahre geglaubt, daß es mit dem Kohlbrennen aus sei, damals, als die Schmiede, einer nach dem andern, aufhörten. Der einzige, der bei ihm noch gekauft habe, sei ein Tierfallenerzeuger aus Waidhofen gewesen. Dabei sei er immer allen Wünschen nachgekommen. Habe Buchenholz genommen, wenn jemand kleinere Stücke wollte, Fichtenholz für größere, Lärche hingegen niemals, weil die im Feuer zu viel spritzte. Hartes, weiches Holz, wie es früher die Eisenbahn zum Härten besonders beanspruchter Waggonteile brauchte, das schon. Stets zur Zufriedenheit aller habe er auch geliefert. Nur einmal, ein einziges Mal, wäre ihm ein am Ybbsitzer Bahnhof mitsamt einem Haufen Schnee auf dem Dach abgezogener Wagen beinahe zum Verhängnis geworden. Das einige hundert Kilogramm schwere zusätzliche Ladegut ist auf seinem Weg nach St. Pölten nämlich geschmolzen, und das Vertrauen seines Kunden in ihn ebenso. Bis sich die Sache aufgeklärt habe und er die Aufträge weiterhin erhielt. Dann aber sei das Grillen und Hendlbraten in Mode gekommen, und von da an sei es wieder aufwärts gegangen.

Trotz des unfreundlichen Wetters gehen wir später hinaus auf die nahegelegene Kohlstatt. Am Weg dorthin liegen zusammengeschnittene Baumstämme, Schleifholz, Wurzelstöcke. Winterarbeit, klärt er mich auf. Nehmen könne man alles, nicht nur abgelagertes, trockenes Material, auch grünes, bloß dauere dann das Verkohlen drei bis vier Tage länger. Auf keinen Fall aber gemischtes, das ergäbe eine mindere Qualität.

Bei der Kohlstatt angekommen, stehe ich vor einem etwa eineinhalb Meter hohen, einen Meter breiten und zehn Meter langen Holzstoß. Der erste, den er im Frühjahr anzünden werde, sagt er und erklärt mir, wozu es gut sei, daß das Holz durch die zu beiden Seiten des aus Ziegelsteinen bestehenden, leicht ansteigenden Bodens liegenden Eisenteile von diesem ungefähr fünf Zentimeter abgehoben ist. Wegen des Luftzuges nämlich. Wie ein Kamin funktioniere das.

Früher seien seine Holzstöße doppelt so breit und zweiundzwanzig Meter lang gewesen. Heute sei der Bedarf nicht mehr danach, deshalb beschränke er sich auf die kleineren Maße.

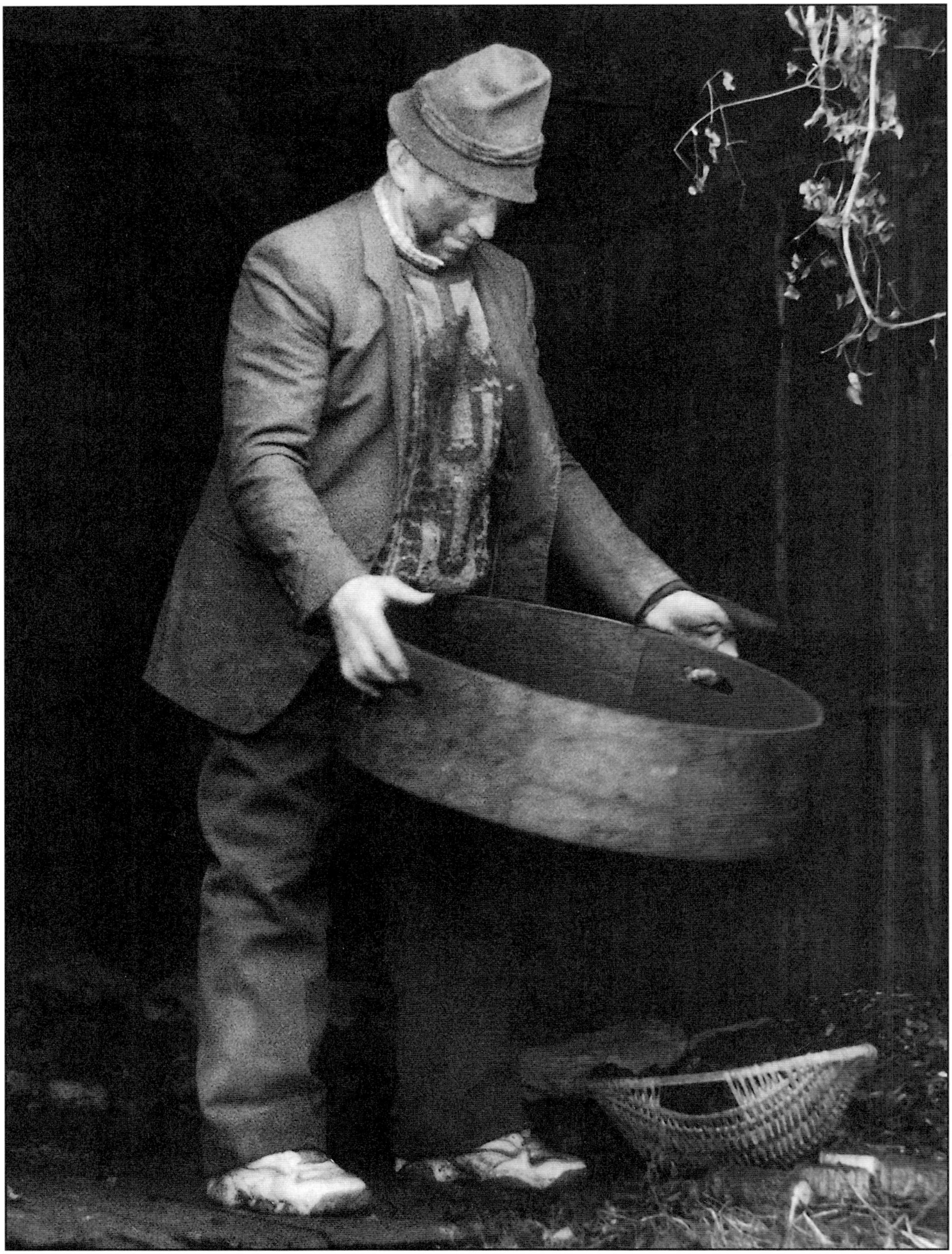

Ich staune über die Sorgfalt, mit der die Holzstücke geschichtet wurden, es bleibt kaum ein Zwischenraum. Immer wieder stopft er, während wir uns unterhalten, kleine Äste oder Baumteile hinein, wiederholt diese Prozedur auch auf der gegenüberliegenden Seite und gibt erst auf, als uns der Wind gar zu arg um die Ohren pfeift. – Gleich neben dem Kohlstadel, hebt er wieder an, lägen jene Köhlerspieße, die man dann in einem gewissen Abstand links und rechts vom Meiler in die Erde stecken müsse, um der aus losen Brettern bestehenden Verschalung Halt zu geben. Dazwischen werde bis obenhin die Kohllösch geschaufelt sowie nach dem Auflegen von Stroh auch dort der Holzstoß in voller Länge mit einer an die fünfzehn Zentimeter dikken Schicht abgedeckt.

Kohllösch – dieses Wort ist mir schon an anderer Stelle begegnet, aber jetzt erst begreife ich, was es wirklich bedeutet. Schier überall liegt dieser feine Kohlenstaub herum und wartet nur darauf, verwendet zu werden. Lediglich dort, wo der Haufen angezündet wird, bleibt ein Meter frei. Dieser „Ofen", wie der Arminger den Teil nennt, sei auch etwas sehr Heikles, denn

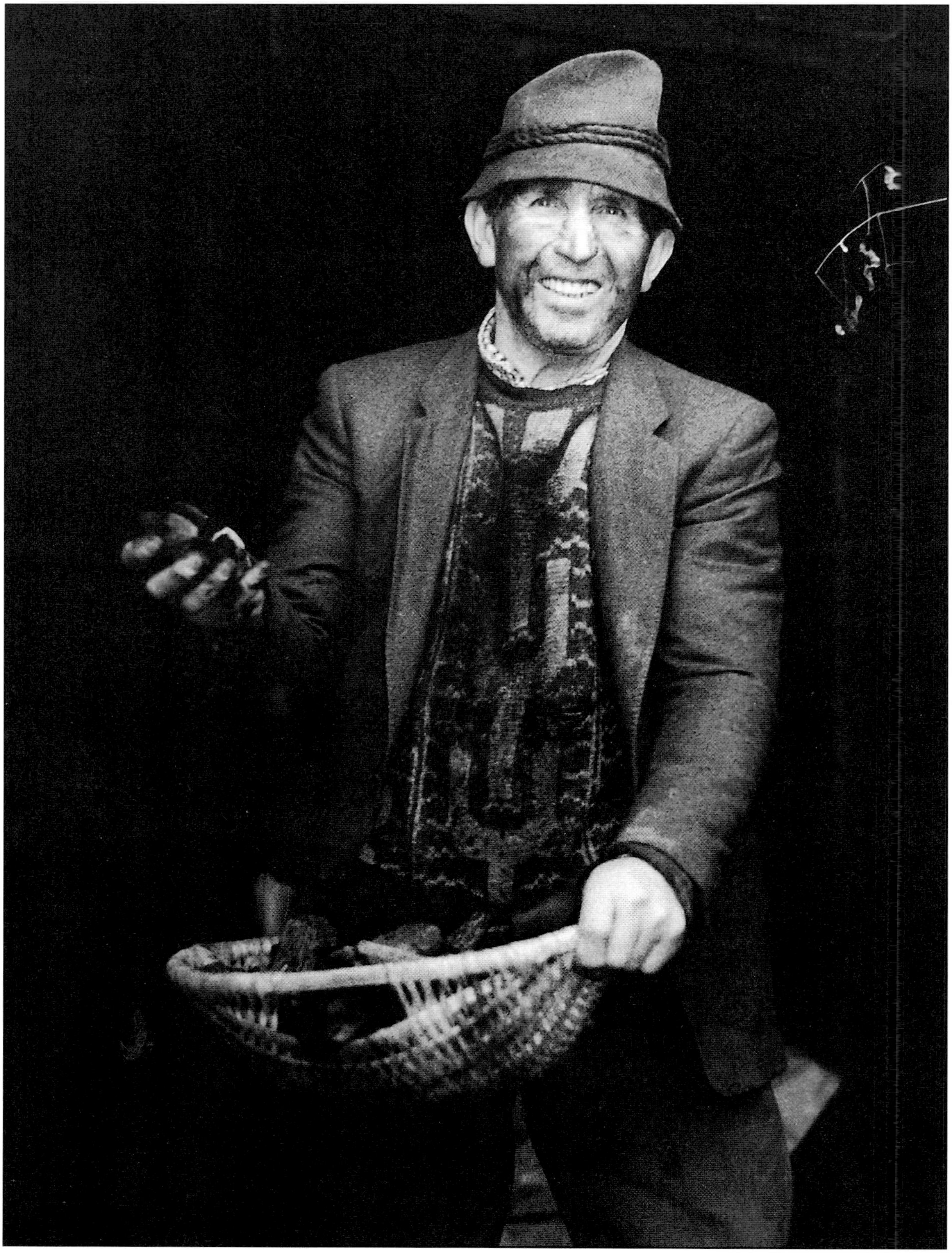

es sei wichtig, daß es gleich von Beginn an richtig brenne. Jetzt aber stehe dem Köhler eine überaus zeitaufwendige Arbeit bevor. In Abständen von höchstens zwei Stunden werde kontrolliert, um einerseits durch das Einstechen und Herausziehen eines Spießes das Ersticken der Glut zu verhindern, andererseits mit der Schaufel aber wieder undichte Stellen zu schließen. Unvorsichtigkeit habe dabei schon oft zu argen Verletzungen geführt, denn von oben her einzubrechen sei etwas, bei dem man sich alles andere als kalte Füße hole.

Früher sei es üblich gewesen, stets in der Nähe des Meilers zu bleiben, auch in der Nacht. Als Unterschlupf habe die Köhlerhütte gedient. Da sei sie gestanden, und auch er sei, bevor er die Holzmenge reduziert habe, darin gelegen, um ein wenig auszuruhen. 1980, bei dem großen Festzug in Ybbsitz, habe man sie noch mitgeführt, dann aber sei sie selber dem Feuer übergeben worden.

Sieben bis zehn Tage lang würde ihn jeder Rauchfangkehrer als seinesgleichen ansehen. Sich in dieser Zeit zu waschen und umzuziehen, sei pu-

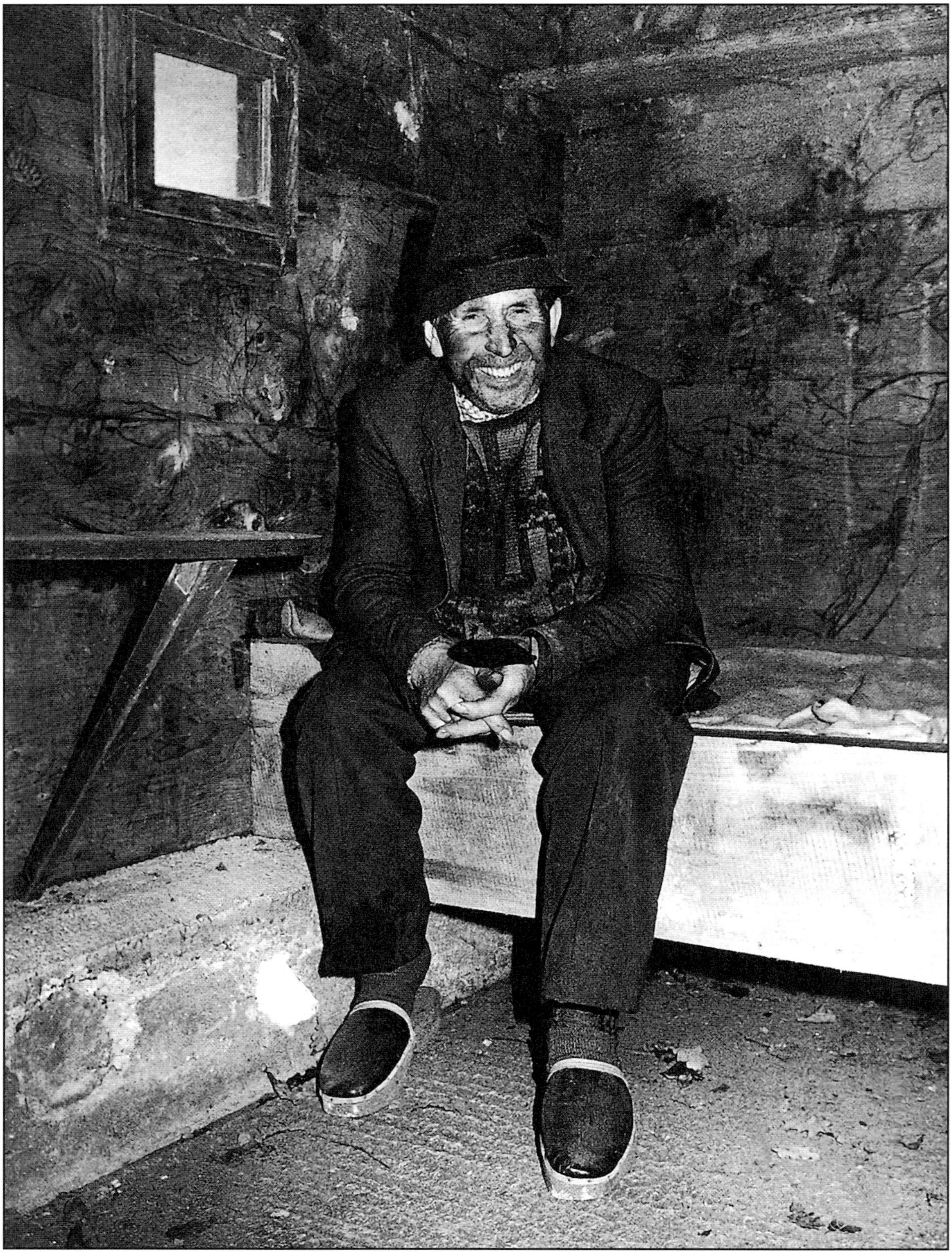

rer Luxus, nur das richtige, nach hinten fortschreitende Verkohlen des Meilers allein zähle. Auch bei stärkstem Regen habe er stets durchgehalten, und vom Gegenteil, daß nämlich jemand die Feuerwehr hatte zu Hilfe rufen müssen, habe er stets nur von anderen gehört.

Schon am zweiten oder dritten Tag beginne er, von vorne wegzuräumen. Das Sterhackl und der Kohlrechen seien dabei seine wichtigsten Hilfen, und natürlich seine Frau, die ihm immer wieder zur Seite stehe. Bei Sonnenschein gelinge das Ablöschen der zum großen Teil noch heißen Kohle mit Wasser am besten. Dazu habe sein Vater noch das Holzschaffel verwendet und mit diesem den sogenannten Köhlerguß ausgeführt. Er aber verfüge über eine Technik, die dasselbe mit dem Schlauch zuwege bringe. Zuletzt werde gesiebt, das Größere vom Kleinen getrennt und schließlich alles gelagert. Der Rest sei dann die Kohllösch, die schon darauf warte, beim nächsten Holzhaufen wieder zum Abdichten verwendet zu werden. Alles geschehe noch händisch und sei manchmal schon eine rechte Plage. Dafür erhalte aber jeder beste Ware und auch von der Größe her genau das, was er wolle.

Eine Besonderheit verrät er mir quasi nebenbei: Den Holzkohlenessig, das „Köhleröl", fange er sich auch noch. Und zwar auf diese Weise: Über ein Rohr, das seitlich aus dem Stoß herausragt, gelangt der Dunst aus dessen Innerem in eine Flasche, wird darin kondensiert und bildet eine ölige, fast schwarze Flüssigkeit. Wie beim Schnapsbrennen, lacht er, wenn auch das „Endprodukt" nicht halb so gut sei, tauge das „Köhleröl" doch nur gegen Koliken bei Pferden und Rindern.

Inzwischen sind wir wieder beim Haus angelangt. Der Schnee hat zugelegt und verspricht einen neuerlichen Wintereinbruch. Ein Auto fährt die Straße herauf, der junge Bauer kommt heim. Ob der das Kohlbrennen weitermachen wird? Recht wäre es ihm schon, meint der Alte, und seiner Frau auch, aber wer weiß?

Leider war es mir um diese Jahreszeit nicht vergönnt, einen brennenden Haufen zu fotografieren, doch die Fertigstellung des Buches drängt, sage ich zum Abschied. Er nickt, reibt sich die vor Kälte klammen Hände und verschwindet wortlos hinter der Tür.

WINTER AN DER SCHMIEDEMEILE

Einige hundert Meter vom Marktplatz in Richtung Süden beginnt in Ybbsitz die Noth. Glücklicherweise nicht wirklich. Nur das Tal trägt diese Bezeichnung. Sie ist im Volk seit langem schon in Gebrauch und im Zuge der Straßenneubenennung 1987 sogar von Amts wegen festgeschrieben: „In der Noth", so steht es im Kataster. Dieser Name dürfte aus Zeiten stammen, wo es selbst in günstiger gelegenen Landstrichen für die Menschen schwierig war, ein Auskommen zu finden; dort drinnen aber scheinen die Sorgen und Nöte noch größer gewesen zu sein. Auch anderswo werden ja solche tiefen, im Winter von der Sonne kaum erreichten Täler im Volksmund so bezeichnet, etwa ein Teil des Steinbachtales bei Göstling.

In diesem an historischen Relikten reichen Tal der Noth gibt es seit 1996 die Schmiedemeile. Acht Stationen führen den Besucher zu den Plätzen noch vorhandener oder ehemaliger Hämmer, Schmieden und kleiner, damit in ursächlichem Zusammenhang stehender Betriebe. Es ist ein Gang in die Geschichte der für dieses Gebiet einst so bestimmenden Kleineisenindustrie mit der ihr eigenen Lebensweise und Architektur.

Wie die in den Übergang verschiedener geologischer Schichten eingebettete Landschaft heute insgesamt fasziniert, waren es vor Jahrhunderten die Gefällstufen der Flüsse und Bäche, welche die Aufmerksamkeit der hier Durchreisenden erregten. Zu diesen zählten vor allem die Provianthändler, die vom steirischen Erzberg heraus auch in diese Gegend kamen. Vermutlich waren sie es, die „Entwicklungshilfe" leisteten, indem sie auf die ungenützte Wasserkraft hinwiesen und so das Rad in Gang brachten, in der Hoffnung auf künftige gute Geschäfte. Der Reichtum der Wälder, die nahe Donau als Transportweg sowie das unternehmerische Interesse der Grundherrschaft an einer vielversprechenden Einnahmequelle taten ein übriges, sodaß es nur noch eine Frage der Zeit war, bis sich Ybbsitz zu einem der Zentren der eisenverarbeitenden Industrie dieses Raumes entwickelte.

Ich kenne das Tal gut. Die steilen Hänge links und rechts der Straße sind bewaldet, auf steinigem Boden finden sich Türkenbund und Seidelbast, im Frühjahr Schneerosen, Märzenbecher und Maiglöckchen. Weiter draußen wechseln freie Wiesen und kleine eingezäunte Weideflächen einander ab, und im Sommer verbreitet das Heu seinen süßen Duft bis zur Straße hinab. Der Herbst verwandelt den Mischwald in ein buntscheckiges Meer und die Gegend in ein Wanderparadies, doch fällt der erste Schnee, ist es auch mit dem Wandern vorbei, sodaß es ganz still ist im Tal.

Wie eben jetzt, an diesem späten Novembernachmittag, als ich mich auf den Weg mache hinein in die Noth, an der Kirche, dem Pfarrhof, dem „Haus Kremayr" vorüber zunächst zum Schaumarkt. Das vertraute Bild des Marktbrunnens, das „Schwarze Haus", der Hammer – mir ist, als stehe die Zeit still an diesem Platz. Auch der Park mit den alten Bäumen und das Plätschern des Prollingbaches erzählen von längst vergangenen Tagen. Wie es war, als hier noch eines der vielen Hammerwerke stand, und vorne, nach dem Steg, gleich wieder eines, und sich die kleinen Häuser zu beiden Seiten der Straße zu jenem „Dorf" zusammenfügten, welches das Tal an dieser Stelle gerade noch zugelassen hat. Einen Schneider, einen Bäcker, einen Greißler, alle Arten von Handwerkstreibenden gab es dort, und natürlich auch ein Gasthaus. Nur eine Kirche gab es nicht. Daher dienten Hausaltäre, deren letzter sich heute im Museum befindet, den schlichteren religiösen Feiern, zur Messe am Sonntag mußte man freilich in den Ort.

Über ein Wehr gleitet nun mein Blick zu jenem Bauwerk, dessen Renovierung am Anfang aller Aktivitäten stand. Als der noch junge Eisenstraßenverein dringend ein erstes Vorzeigeprojekt benötigte – die Öffentlichkeit, das Land, aber auch die Gemeinde selbst verlangten raschen Erfolg –, setzte man den schon länger bestehenden Plan, aus einem Ende 1984 eingestellten Betrieb wieder ein lebendiges Schmiedezentrum zu machen, kurzerhand in die Tat um. Der Kohlbarren daneben wurde zu einem Köhlereimuseum ausgestaltet, und was viele nicht für möglich gehalten hatten: das Ganze wurde nach nicht einmal sechzehn Monaten Bauzeit eröffnet – im Frühjahr 1993. Seither besuchten Tausende von Menschen den Fahrngruberhammer, er lockt Künstler ebenso an wie Experten und ist der einzige Schaubetrieb dieser Art weit und breit.

In den letzten Wochen allerdings ist Ruhe eingekehrt. Die Brüder Fahrngruber sind rund um das Haus mit kleinen Reparaturarbeiten beschäftigt oder nehmen sich jetzt, da man wieder allein ist, endlich Zeit, seit largem gegebene Versprechen einzulösen. Unter fachkundiger Anleitung des Großvaters steht dann der Nachwuchs am Amboß, dreht mit Hilfe von Zangen das glühende Eisen, bearbeitet es – und holt sich das nächste aus dem Feuer. Daneben ruhen, schlafenden Zyklopen gleich, die Hämmer. Sie erwachen erst im Frühjahr wieder zum Leben, wenn Scharen von Schaulustigen sich an ihnen vorbeidrängen und das Werk von neuem im Mittelpunkt des Interesses steht.

Immer schmäler wird das Tal, immer enger schmiegen sich die Häuser an den steil aufragenden Fels. Gerne hätte ich meinen Weg fortgesetzt, zur Erlebnisbrücke und weiter in die Prolling. Allein die Dunkelheit zwingt mich zur Umkehr. Ein andermal, vielleicht, werde ich wiederkommen. Wenn die Tage länger geworden sind und der Frühling Einzug hält.

Als ich nach Weihnachten zufällig einen der Fahrngruberbrüder treffe, wird alles anders. Wir reden über Krippen und altes Brauchtum. Dabei kommt auf, daß in die Rauhnachtbräuche auch der Hammer miteinbezogen wird. Da riecht es dann nach Weihrauch im Kohlbarren, in der Kram und, wie anderswo die Tiere im Stall, bekommen auch die Werkzeuge und Maschinen ihren Teil an Weihwasser ab. Nur mehr eine Rauhnacht stehe noch aus in diesem Jahr, meint er, der Abend vor dem Fest der Heiligen Drei Könige. Also, wenn ich dabeisein wolle?

Zur vereinbarten Stunde bin ich zur Stelle. Oben im Haus brennt Licht, die Kerzen auf dem Christbaum neben der Straße erinnern an den Heiligen Abend, ich öffne die Tür. Wenig später der Gang durch die Räume, der Duft des Weihrauchs, das Weihwasser, die neue alte Inschrift über der Tür – nach zehn Minuten ist alles vorüber.

Dennoch, daß ich die Rauhnacht im Hammer miterleben durfte, erfüllt mich mit Dankbarkeit. Möge anderen der Frühling, der Sommer oder der Herbst an der Schmiedemeile viel bedeuten, für mich ist sie zur Winterszeit nicht weniger schön.

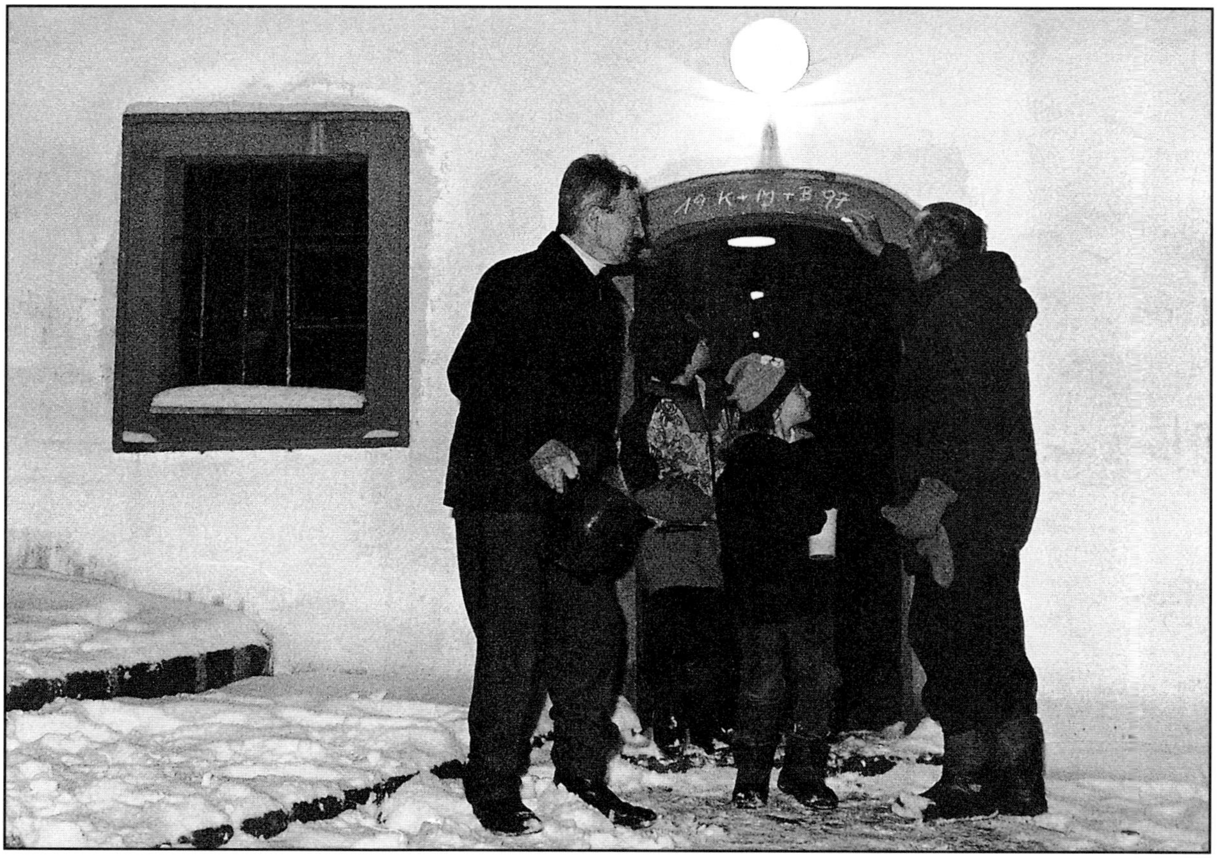
19 K+M+B 97

EISENWURZEN

Es ist schon etwas Besonderes um das Mostviertel. Nach Norden, zur Donau hin, fruchtbares Ackerland, stolze Vierkanter, schier endlose Obstbaumzeilen zwischen den Feldern. Südlich davon die Voralpen: einsame, dem Wind ausgesetzte Bauernhöfe auf den Höhen, Almen und Wiesen, doch auch enge, oft tief eingeschnittene Täler. Eigenständiges in der Kultur, im Brauchtum, in der Tracht. Von Menschen bewohnt, die sich über Landesgrenzen hinweg auch heute noch einstigen wirtschaftlichen Gemeinsamkeiten verbunden fühlen.

Ich liebe diesen Landstrich, und seiner Geschichte nachzuspüren, ist schon seit langem meine Leidenschaft. Was Wunder also, daß ich zu denen zähle, die sie 1990 aus der Taufe gehoben haben, die „Interessengemeinschaft zur Förderung montanhistorischen Kulturgutes", zu der sich anfangs dreizehn Gemeinden des Ybbs- und des Erlauftales zusammenschlossen. Ich habe die ersten, noch zaghaften Schritte mitverfolgt, auch all die Versuche, die Menschen, die dort leben, für die Idee eines „Kulturparks Eisenstraße" zu gewinnen. Und, als nach und nach weitere Gemeinden hinzukamen, schließlich miterlebt, wie dieser Kulturpark zum flächenmäßig größten kulturtouristischen Projekt in Niederösterreich wurde.

Im Jahr 1998 galt es den Erfolg zu feiern. Musikkapellen marschierten auf, es wurde gesungen und getanzt. Nicht nur im Ybbs- und im Erlauftal, auch in Oberösterreich, auch in der Steiermark bot man alles Erdenkliche zu diesem Thema auf. Ich versuchte das Stille einzufangen: Szenen beim „Hammer am Bach" in Opponitz. Den Reiz des Mendlingtales, in dessen Abgeschiedenheit die Lunzer Schriftstellerin Elisabeth Kraus-Kassegg viele Tage ihres Lebens verbrachte. Folgte den Spuren eines ihrer Romanhelden von Hollenstein durch den Sandgraben nach Lassing und hinaus nach Göstling sowie einem Schmied in die Kartause von Gaming.

Land der Hämmer, Schmieden und Schleifen – die Eisenwurzen. Ihr im besonderen ist der letzte Teil meiner Geschichten gewidmet.

DIE RÜCKKEHR DES HEILIGEN FLORIAN

Wann immer ich von Opponitz die Straße entlang in Richtung der Kleinen oder Großen Kripp fuhr, schaute ich hinüber zum „Hammer am Bach". Schon in den siebziger Jahren, als dort noch gearbeitet wurde, dann in all den Jahren des langsamen Verfalls und erst recht, als man auf wunderbare Weise begann, ihn zu restaurieren. Ich nahm 1988 an seiner Wiedereröffnung als Sichelmuseum teil und freute mich wie ein Kind, als die Turbine wieder lief und die noch über Transmissionen angetriebenen Maschinen. Er war zum Schauwerk geworden, wurde in den folgenden Jahren von Tausenden von Interessierten besucht und spielt als erstes der in dieser Gegend durch Eigeninitiative instand gesetzten montanhistorischen Objekte bis auf den heutigen Tag eine besondere Rolle. Umgeben vom Herrenhaus, von Stallungen, Scheunen und einer Pferdeschwemme, bietet sich ein Bild ehemaliger Hammerherrenkultur, das in seiner Geschlossenheit seinesgleichen sucht. Dazu, jenseits des Baches und der Straße gelegen, der aus dem Biedermeier stammende Garten, mit Zisterne, Salettl und entsprechender Ummauerung. Auch das ein Ambiente, wie es stimmungsvoller nicht sein könnte.

Im vergangenen Jahr suchte ich den Hammer wieder auf. Was hier seinen Anfang nahm, hatte Früchte getragen. Im Ybbstal, im Erlauftal wurde Ähnliches zuwege gebracht, die „Eisenstraße" hatte Gestalt angenommen, und ihre Verantwortlichen machten sich eben daran, das bisher Geschaffene anläßlich eines Festes der Öffentlichkeit zu präsentieren. Da die der Wind- und Wetterseite zugewandte Fassade erneuerungsbedürftig geworden war, hatte man auch sie neu gefärbelt, hatte die Schrift ober- und unterhalb der Mauernische nachgezogen, sodaß erst recht ins Auge sprang, was da immer noch fehlte – ein heiliger Florian.

Sicher, bei der Eröffnung, und auch später noch einige Male, hatte man einen aus der Kirche geholt und hier aufgestellt, bis der Pfarrer derlei Ausflüge nicht mehr dulden wollte. Es war also hoch an der Zeit, einen Nachfolger für den nach der Stillegung des Werkes in den neuen Betrieb übersiedelten Patron anzuschaffen. Aber wie? Die Mittel waren knapp, und von einem Heiligen Wunder zu erwarten, den durch eine Plastik zu ehren man solange verabsäumt hatte, ginge denn doch nicht an.

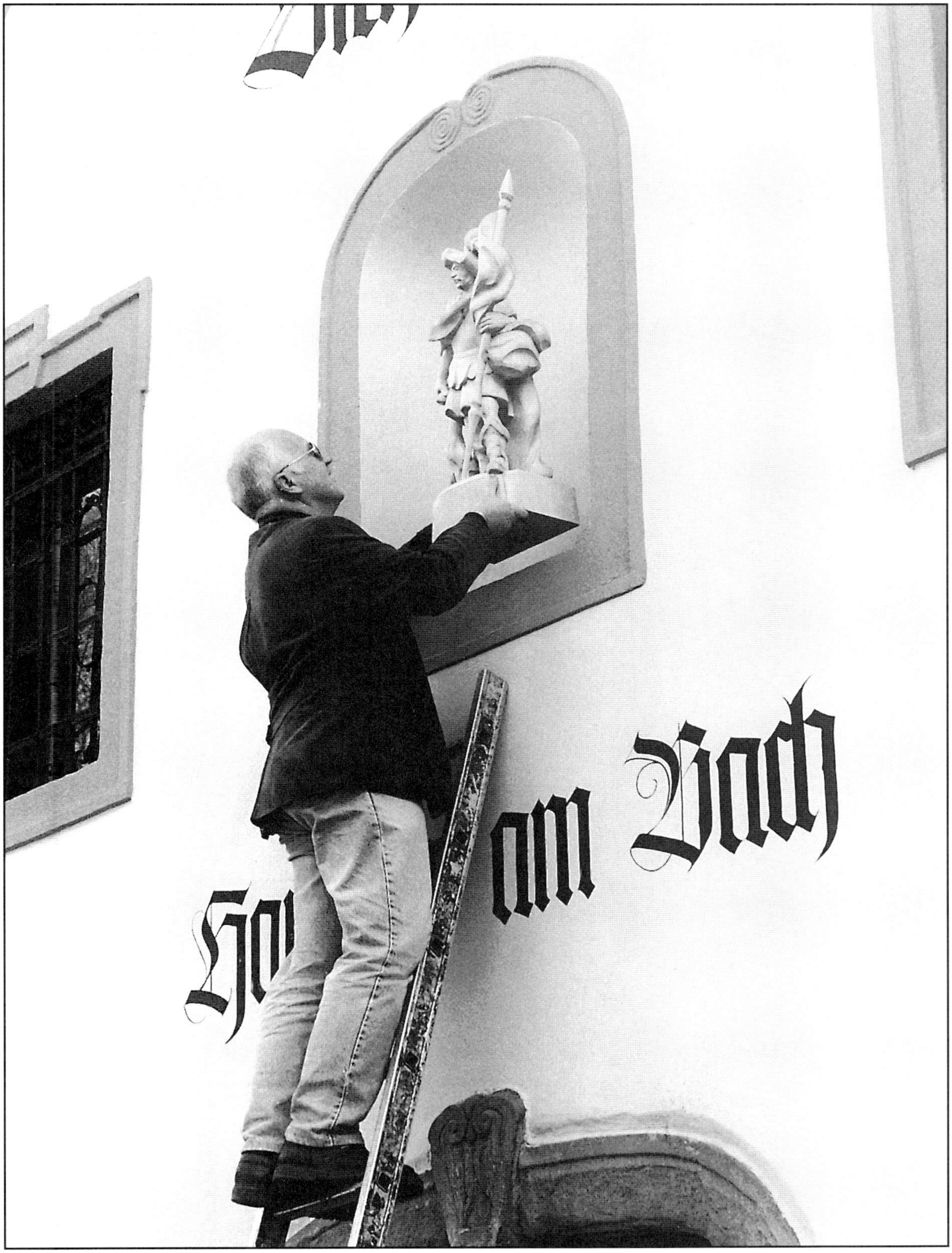
am Bach

Jedoch das Unerwartete geschah. Es gab „Geburtshelfer" von auswärts, das Weitere kam aus dem Dorf, und eines Tages war es soweit. Ein wunderschöner blauer Himmel spannte sich über das Tal, als die noch ungefaßte Figur zum erstenmal ihren künftigen Platz einnahm. Der Bürgermeister persönlich stieg auf die Leiter, probierte und befand, daß selbst ein Schutzheiliger nur bei entsprechendem Weitblick und auf solider Basis stehend seine Aufgaben erfüllen könne. Sprach's, legte ein massives Holzstück darunter und kletterte mit bedeutungsvollem Blick wieder die Sprossen hinab.

Bei der eigentlichen Einsetzung des heiligen Florian aber regnet es. Fahnen schmücken die Häuser, die Musikkapelle ist aufmarschiert, die Festgäste und eine Schar von Schaulustigen haben sich vor dem „Hammer am Bach" eingefunden und warten geduldig auf den großen Augenblick. Endlich fällt das Tuch. Das Publikum applaudiert, die Musik spielt und leitet mit dem letzten Ton zur Segnung der Statue durch den Ortspfarrer über. Noch ein Vaterunser, ein letztes „Heiliger Florian, bitte für uns", ein flotter Marsch, und als ob auch von oben genug des Weihwassers geflossen wäre, scheint am Ende des Festes sogar die Sonne.

Da ich das Ganze noch ein wenig auf mich wirken lassen möchte, gehe ich über die Brücke hinüber zum Garten an der Straße. Das halbgeöffnete prachtvolle Tor aus Schmiedeeisen, die mit einem ebensolchen Gitter abgesicherte Zisterne, das Salettl. Gegenüber das Herrenhaus, der Hammer und in der Nische über dem Eingang – der heilige Florian. Zum erstenmal sehe ich ihn von dieser Stelle aus. Hinter Glas und durch ein bogenförmiges Kupferdach vor den Unbilden des Wetters geschützt, steht er da. In silberner Rüstung, mit buntem Umhang, Federbusch und Fahne.

Ich weiß um seine Geschichte, weiß, wie alles kam – und freue mich.

VON GEFALLENEN UND ANDEREN HEILIGEN

Im allgemeinen sind Heilige recht standhaft, zumindest waren sie es zu ihren Lebzeiten. Nicht so eine ganze Reihe von ihnen, die einst einem Hochwasser zum Opfer fielen und über deren Verbleib man noch heute rätselt.

Im oberen Ybbstal, wenige Kilometer von Lunz am See entfernt, steht die Töpperbrücke. Es ist, wohlgemerkt, die zweite Brücke dieses Namens, fast an der gleichen Stelle wiedererrichtet wie die erste und mit überlebensgroßen Standbildern ausgestattet. Sie zeigen Christus am Kreuz, die Gottesmutter sowie die Heiligen Andreas, Helena, Florian und Nepomuk. Lediglich der heilige Nepomuk ist ein wenig kleiner geraten, dafür steht er in der Mitte, an der höchsten Stelle der Brücke und direkt Christus gegenüber. Ihm hat seine Größe immer schon genügt, nur die Menschen zerbrachen sich bisweilen die Köpfe, ob das an ihm gelegen habe oder ob nicht doch die ersten insgesamt kleiner gewesen wären, ehe sie eine nach tagelangen Regenfällen im Dürrensteingebiet entstandene Flut mitsamt der Brücke mit sich riß. Er war nämlich der einzige „Überlebende" dieser Katastrophe an der Brücke, ein Stoß Schwemmholz hatte seinen Sturz aufgehalten und das Wasser ihn dann gnädig ans Ufer getrieben.

Aber nicht nur aus diesem Grund ist das heutige, im Jahre 1862 fertiggestellte und im Volksmund auch „Schwarzmander-" oder „Heiligenbrücke" genannte Bauwerk weit und breit bekannt. Es ist vor allem das zur Landschaft in einem eigenartigen Kontrast stehende Gesamtbild, das so viele Menschen fasziniert.

Doch wem verdankt die Brücke ihre Entstehung? Und woher kamen die Heiligen? Es war der drüben im Erlauftal zu Größe und Ansehen gelangte Industrielle Andreas Töpper, der, als er hier in Kasten bei Lunz ein weiteres Hammerwerk übernahm, einen neuen, tragfähigeren Übergang über die Ybbs benötigte. Vermutlich aus religiösen, gewiß aber auch aus Repräsentationsgründen – Töpper hatte sich früher schon in Neubruck bei Scheibbs ein prächtiges Wohnhaus samt Kapelle bauen lassen und im Laufe der Zeit eine Vorliebe für gußeiserne Figuren, Kreuze und Grabtafeln entwickelt – stattete er diesen mit aus Mariazeller Eisenguß bestehenden Standbildern von Heiligen aus. Es waren die nämlichen, die eingangs schon Erwähnung fanden. 1855 war der Bau abgeschlossen, sechs Jahre später stürzte die Brücke infolge des zuvor geschilderten Umstandes ein. Doch Töpper gab nicht auf: Etwa 150 Schritte flußabwärts ließ er eine neue errichten, die uns bekannte eben, mit denselben Heiligenfiguren, die jedoch nicht mehr aus Gußwerk bei Mariazell, sondern aus Mähren stammen.

Ruhig und gelassen stehen sie in ihren prächtigen, mit Gold eingefaßten Gewändern da. Sie hat nichts mehr in Gefahr gebracht, denn viel stabiler und mit noch größerer Durchflußöffnung wurde die Brücke beim zweitenmal gebaut. Nur der heilige Nepomuk sieht Hochwässern stets mit gemischten Gefühlen entgegen. Denn noch einmal so großes Glück zu haben, hält selbst er für unwahrscheinlich.

* * *

Weniger eindrucksvoll, jedoch mit mindestens ebenso großer Hingabe setzten andere ihren Heiligen Denkmäler. Manche errichteten für sie Kapellen, verehrten sie auf Bildstöcken, wieder andere stellten gleich die ganze Kirche unter ihren Schutz oder benannten den Ort nach ihnen.

Einen solchen gibt es im Ybbstal und am Jeßnitzbach, in einem Seitental der Erlauf, einen weiteren. St. Georgen am Reith, eine kleine Gemeinde an der Südseite des Frieslings und des Bauernbodens, pflegt den Ruf ihres Namenspatrons auf ganz andere Weise bei der „Jörglkapelle". Etwa eine Gehstunde vom Ort entfernt, ist sie das Ziel vieler Wanderer, und einmal im Jahr zieht sogar eine Prozession dorthin. Von ihrem Ursprung weiß die Sage, daß einst einem erblindeten Bauernburschen im Traum geraten wurde, sich mit dem Wasser der dort aus dem Berg sprudelnden Quelle die Augen zu waschen. Als er wieder sehend ward, habe er aus Dankbarkeit eben diese Kapelle errichtet. Seither besuchen auch Kranke diese Stätte, beten zum heiligen Georg und hoffen auf seine Hilfe.

Aus einem anderen Grund mache auch ich mich eines Tages auf den Weg dorthin. Ich möchte jene Route fortsetzen, die mich im vergangenen Jahr auf der Suche nach verlassenen Bauernhöfen von Ybbsitz aus in die

Schwarzlucken geführt hat. Vom Talschluß ist es noch eine gute halbe Stunde, die sich jedoch, da ich zum Teil in kniehohem Schnee stapfen muß, heute verdreifacht. Endlich, nach einem langen und mühevollen Aufstieg, stehe ich auf der ersehnten Anhöhe und genieße für eine kurze Weile den herrlichen Blick auf Hochkar und Gamsstein, ehe ich auf steilem, diesmal aber ausgetretenem Pfad talwärts steige und über eine Lichtung auf die Kapelle zu marschiere. Das schindelgedeckte Dach ist das erste, was ich ausmachen kann, sodann den kleinen Holzvorbau und schließlich die Bank. Hier an der Lehne des Berges wärmt auch im Dezember die Sonne, ich halte Rast und schaue um mich. Als ich die Tür öffne, fällt mein Blick auf ein Eisengitter – dahinter das Reiterstandbild des heiligen Georg, Heilige und Engel. Alles wie eh und je. Nur noch stiller ist es jetzt. Erst im Frühjahr werden sie wieder häufiger kommen, die Naturbegeisterten, die Blumenfreunde, aber auch die Beter; alle jene, deren Ziel Jahr für Jahr die Jörglkapelle ist.

* * *

Kommt man in das Jeßnitztal, trifft man allenthalben auf den heiligen Antonius. Zwar nicht auf ihn persönlich, wie damals der Hofrichter aus Gaming, dem, der Sage nach, einst der Heilige den geeigneten Platz für eine Kirche zugewiesen hat, nachdem der gute Mann lange vergeblich nach einem solchen gesucht hatte. Nein, ein nach ihm bezeichneter Ort ist es, sodann eine ihm geweihte Kirche, eine Säule und ein Bründl, die ebenso seinen Namen tragen wie ganz in der Nähe der zu Beginn dieses Jahrhunderts durch einen Erdrutsch entstandene kleine See. Das Bründl dürfte schon lange als heilkräftig bekannt gewesen sein, die Säule weist wiederum den Weg zu diesem gesundmachenden Wasser und dann weiter nach Mariazell. Ich besuche sie alle der Reihe nach, beginne an diesem schönen Wintertag beim Antonisee und stehe zuletzt vor den eindrucksvollen Kapellen eines barocken Kreuzweges.

Von der Töpperschen Bruderlade mit dem erst 1998 eröffneten Heimatmuseum führt mein Weg zunächst die nach Hochbärneck führende Straße entlang, gleich darauf nach links über eine Brücke, und schon kann ich die tiefstehende Sonne in dem kleinen, an den Rändern mit einer dünnen Eisschicht bedeckten See sich spiegeln sehen. Als ich hinunter ans Ufer gehe, fliegen Wildgänse auf, ihr Flügelschlag durchbricht für kurze Zeit die Stille, dann bin ich wieder allein. Da mir für eine Umrundung die Zeit fehlt, beschließe ich, umzukehren und ein andermal wiederzukommen, und erreiche wenig später den Ausgangspunkt meiner Wanderung.

Ein Stück taleinwärts steht die Antoniussäule. An ihr vorbei gelange ich alsbald an den eigentlichen Ortsanfang von St. Anton. In der Kirche, über dem Hochaltar, wieder das Bild des Schutzpatrons und einige Häuser weiter der Beginn eines Kreuzweges, der auch das Antoniusbründl miteinschließt – allesamt Zeugnisse eines tiefen Glaubens und der Verehrung jenes Heiligen, der als Fürbitter der Suchenden gilt. Wir, die wir schon anderes verloren haben als nur alltägliche Dinge – ob wir ihn nicht auch deswegen anrufen sollten?

Als ich auf dem Heimweg wieder an der Antoniussäule vorbeikomme, brennt davor ein Licht. Mag sein, daß es das immer tut um diese Zeit, vielleicht aber ist auch jemand anderer auf den Gedanken gekommen, eine Kerze anzuzünden.

* * *

Für mich ist der sogenannte „Proviantweg" in der Gemeinde Gresten-Land nicht nur eine wunderschöne Wanderroute, er gewährt auch einen Blick zurück in die Vergangenheit. Schon sein Ausgangspunkt, die Scheitelstrecke der kürzesten Verbindung zwischen dem Kleinen Ybbs- und dem Kleinen Erlauftal, atmet Geschichte. Interessanterweise wird sie einmal als Ybbsitzer Höhe, dann wieder als Grestner Höhe bezeichnet, je nachdem, von wo man kommt oder wohin man fährt. Scheinbar war sie früher für die Menschen auf beiden Seiten etwas so Entferntes, daß man damit lieber nichts zu tun haben wollte, von der Instandhaltung der darüber führenden Straße ganz zu schweigen, die sowieso stets auf die Kritik der jeweils anderen Seite stieß. Hier also treffen nicht nur die heutigen Grenzen zwischen den Bezirken Amstetten und Scheibbs aufeinander, sondern seit Jahrhunderten verwalteten diesseits und jenseits der Höhe auch verschiedene Grundherren das Land – das Stift Seitenstetten den westlichen, die Bischöfe von Regensburg den östlichen Teil.

Einer dieser Bischöfe war der heilige Wolfgang. Seiner gedenkt man auf dieser Route mit einer Kapelle. Sie wurde im Jahr 1994, dem eintausendsten Todesjahr des Heiligen, errichtet und steht an einem markanten Aussichtspunkt östlich des Grestner Hochkogels. Als ich sie besuche, ist es der erste schöne Tag seit langem. Gestern hat es noch geschneit, in der Nacht ist es kalt geworden, und jetzt, da ich mich auf den Weg dorthin mache, bricht langsam die Sonne durch den Nebel. Die Straße ist geräumt, und obwohl ich hin und wieder stehenbleibe und ins Land schaue, komme ich flott voran. Meist ein paar Minuten mehr gönne ich mir beim Lesen oder Betrachten verschiedener Hinweise über blutige Auseinandersetzungen, die hier vor über vierhundert Jahren während der Bauernkriege stattgefunden haben. Dann geht es wieder mit voller Kraft weiter, vorbei an mehreren Bauernhäusern, bis endlich unter einer Baumgruppe die Kapelle in Sicht kommt. Das letzte, fast ebene Stück des Weges bringt mich zu ihr – eine gute Stunde, nachdem ich das Auto abgestellt habe, bin ich am Ziel. Unter mir liegt Gresten, dahinter erheben sich die Berge um Scheibbs und Gaming, der Ötscher, der Scheiblingstein, der Dürrenstein, die ganze Reihe der schneebedeckten Voralpengipfel. Sogar der Schneeberg ist an ganz klaren Tagen zu sehen, heute verliert sich allerdings der Blick und läßt durch ferne Nebelschleier nur schwach dessen Umrisse erkennen. Minuten der Stille, des Schauens, dann trete ich an das Gittertor der Kapelle, drücke meine Stirn darauf und betrachte aufmerksam die Darstellungen ältester bäuerlicher Arbeitsweisen in deren Innerem. Entdecke schließlich, nur wenige Meter davon entfernt, auf einer Tafel Aufzeichnungen, die das Leben des heiligen Wolfgang betreffen, aber auch seinen Tod, sowie Daten zur Lokalgeschichte.

Auf dem Rückweg scheint mir die Sonne ins Gesicht. Mich begleiten tiefverschneite Bäume, länger werdende Schatten und noch einmal das Panorama der Berge am Horizont. Bis langsam die Nebel wieder kommen und zum erstenmal an diesem Tag kalt der Wind über die Hänge bläst.

DER KARTAUSENSCHMIED

Mein frühester, für viele Jahre auch einziger Bezug zur Kartause Gaming bestand darin, daß ich wußte, woher der prächtige barocke Hochaltar in der Ybbsitzer Pfarrkirche stammt. Und als ich diese Anlage zum erstenmal betrat, mich näher mit ihr auseinandersetzte und sie schließlich schätzen lernte, schrieb man bereits die achtziger Jahre. Nach ihrer höchst dringlichen baulichen Sanierung, an deren Beginn man zu dieser Zeit stand gelang in der Folge durch Ausstellungen und vielerlei Veranstaltungen auch deren Revitalisierung, sodaß die Kartause heute wieder als eines der kulturellen Zentren des Ötscherlandes gilt. Sie zu besuchen, gehört mittlerweile zu den Gepflogenheiten von Kunstinteressierten aus aller Welt. Fachkundige Führer geleiten durch das Haus, und eine Fülle von Literatur vermittelt zusätzlich Wissenswertes. Kaum jemand wird sich bisher jedoch mit dem Kartausenschmied beschäftigt haben. Von ihm erzählt diese Geschichte.

Kennengelernt habe ich ihn bei den Eröffnungsfeierlichkeiten des „Kulturparks Eisenstraße" im Jahr 1996 in Gaming. Es wurde ein Schauschmieden geboten, ein untersetzter, kräftiger Mann stand im Hof der Kartause neben einem offenen Feuer und bearbeitete ein Stück Eisen nach dem anderen, daß den Umstehenden Hören und Sehen verging. Zwar hatte ich ihn bald aus den Augen verloren, doch sein Äußeres und die Art, wie er sich gab, blieben mir nachhaltig in Erinnerung.

Ein Jahr später suche ich ihn in der Schmiede auf. Es ist jener eigenartige Geruch von Kohle, Staub und Zunder, der mich, nachdem ich die mir bezeichneten beiden Innenhöfe durchquert hatte, vor einer Tür halten läßt. Da ich ihn dahinter vermute, öffne ich sie und blicke in einen nahezu dunklen Raum. Erst als ich im Schein eines Feuers, das auf einer fahrbaren Esse mit kleiner Flamme brennt, Werkzeug, Zangen vor allem, herumliegendes Eisen und schließlich den Amboß entdecke, weiß ich mich an der richtigen Stelle. Der Schmied ist gerade dabei, auf Papier die schon recht undeutlichen Konturen einer Vorlage für ein Fenstergitter nachzuzeichnen. Eines der vielen in der Kartause, die er in den letzten zehn Jahren hier schon ausgebessert oder neu angefertigt habe, meint er. Aber auch Handläufe für Stiegenaufgänge und Luster, Haken und sonstiges Befestigungsmaterial stelle er her. Eigentlich sei er auch Spengler und Schlosser, müsse Arbeiten am Dach ebenso erledigen wie alte Schlösser wieder instand setzen, oder eingerostete Türen.

Meine anfängliche Enttäuschung, ihn womöglich bei derlei Tätigkeiten anzutreffen, wo ich doch wegen des Schmiedens gekommen bin, schlägt bald in das Gegenteil um. Während seine klobige, rußgeschwärzte Hand immer wieder über das Papier fährt, wird er nämlich gesprächig, es gefällt ihm, daß ich ihm zuhöre, mich für ihn interessiere. – Ja, leicht hat er es schon von Kindheit an nicht gehabt. Während des Krieges bei seiner Mutter und deren Eltern auf einem kleinen Bergbauernhof bei Gaming aufgewachsen, ging er später dort auch zur Schule. Doch sein sehnlichster Wunsch, Elektriker zu werden, erfüllte sich nicht. Das Haus war in einem desolaten Zustand, die Landwirtschaft bot nur das Nötigste zum Leben und zwang ihn dennoch, auf dem Hof zu bleiben. Was ihm blieb, war seine Vorliebe für das Basteln und das Zusammensetzen verschiedenster Dinge, was dazu führte, daß er sich in den sechziger Jahren sogar ein straßentaugliches Motorfahrzeug baute. Dabei hat er wohl auch seine Liebe zum Eisen entdeckt, die weiter wuchs, als er es in der Gießerei des nahen Heiserwerkes bis zum angelernten Former brachte. Auch im Grabnerhammer hatte er zu dessen Zeiten gearbeitet. Leider saßen am Federhammer stets andere, sodaß er sich schließlich um diese Stelle hier in der Kartause umsah.

Als er mit dem Zeichnen fertig ist, geht er zur Esse, schaufelt Kohle auf die Glut und schaltet das Gebläse ein. Wie von Geisterhand entfacht, schießen die Flammen in die Höhe, er nimmt einen Eisenstab nach dem anderen und legt ihn ins Feuer. Dann steht er am Amboß, der Zunder spritzt unter seinen wuchtigen Schlägen, durch die eingeblasene Luft aufgewirbelter Staub und Ruß entweicht nur zum Teil durch den Kamin – ich bin heilfroh, ohne Schaden für mich und meinen Fotoapparat davonzukommen. Brauchbares an Bildern aus diesem Inferno mitzunehmen, ist eher Zufall. Dennoch, einiges gelingt und läßt das andere vergessen.

Ein halbes Jahr verstreicht, ehe ich mich mit ihm abermals in der Kartause treffe. Ich weiß inzwischen um seine Vorliebe für Gedichte. Vor allem

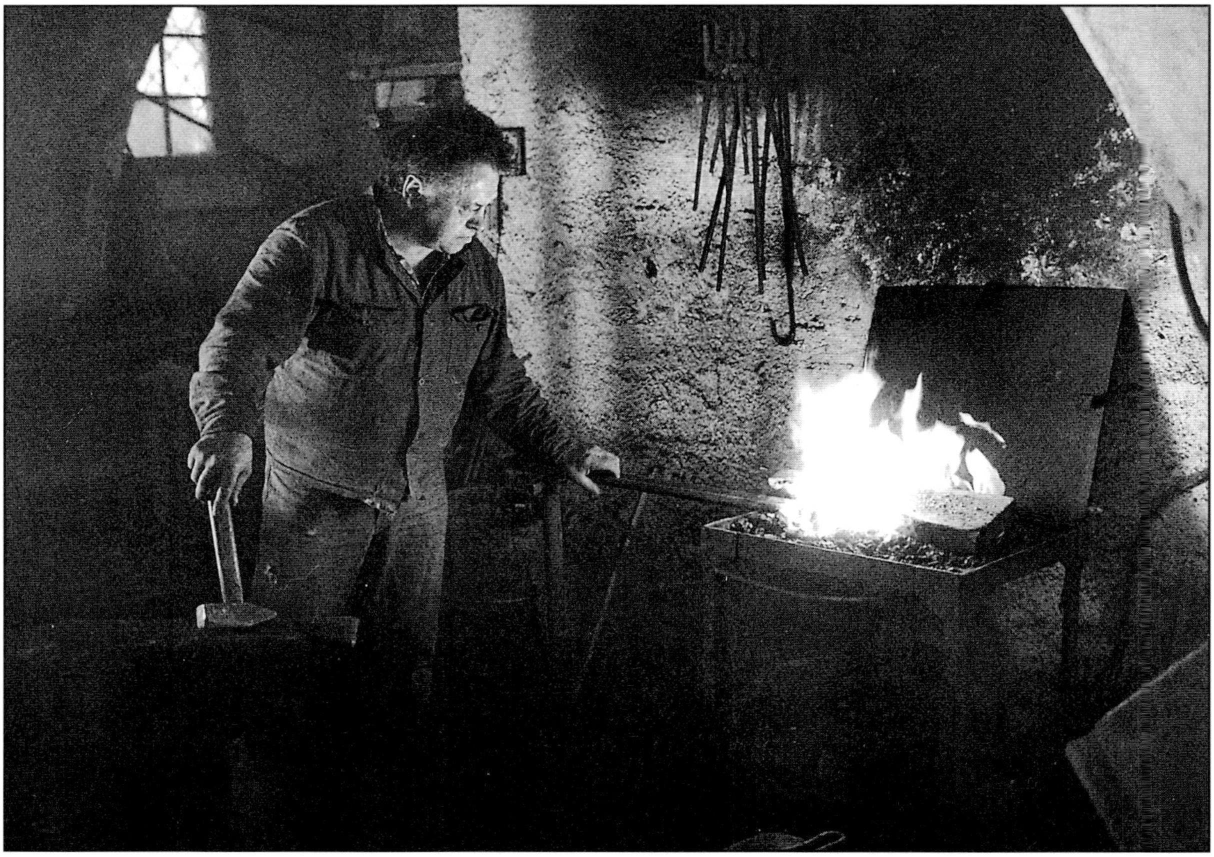

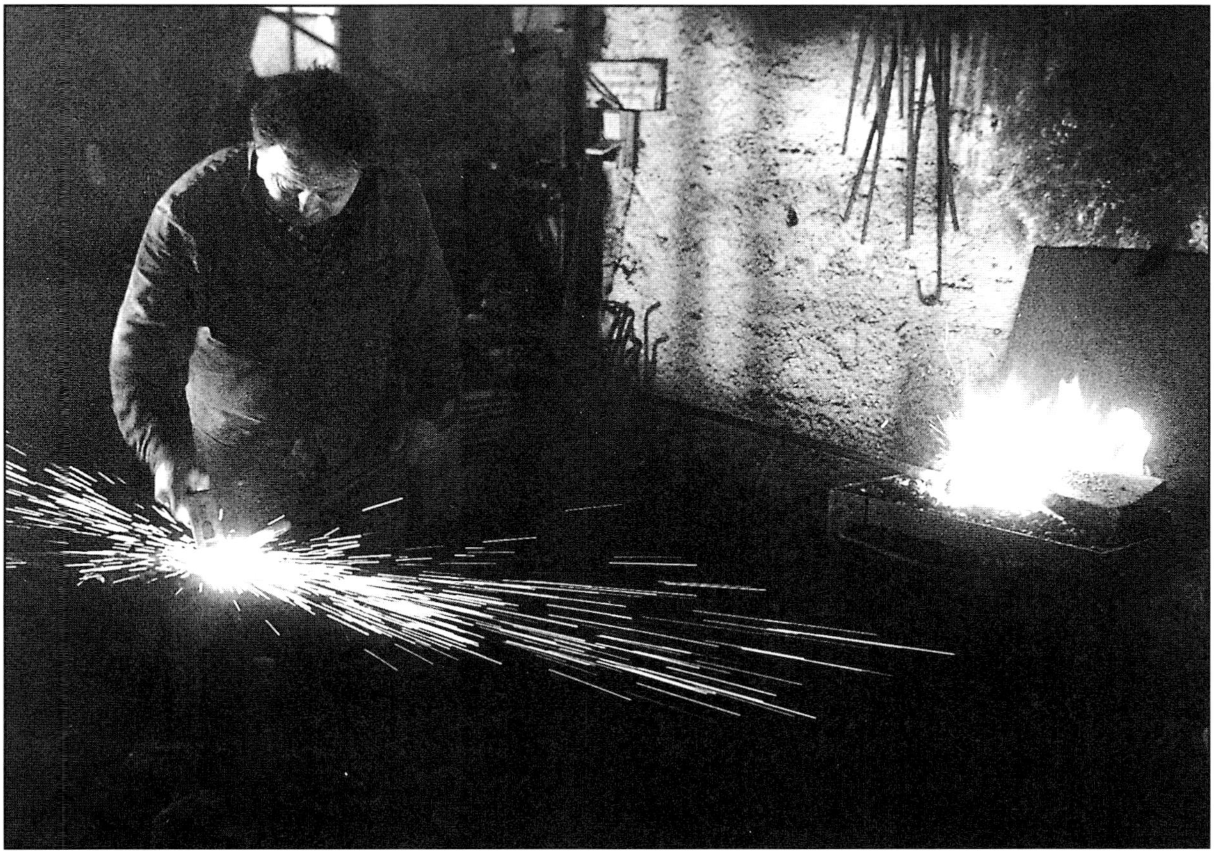

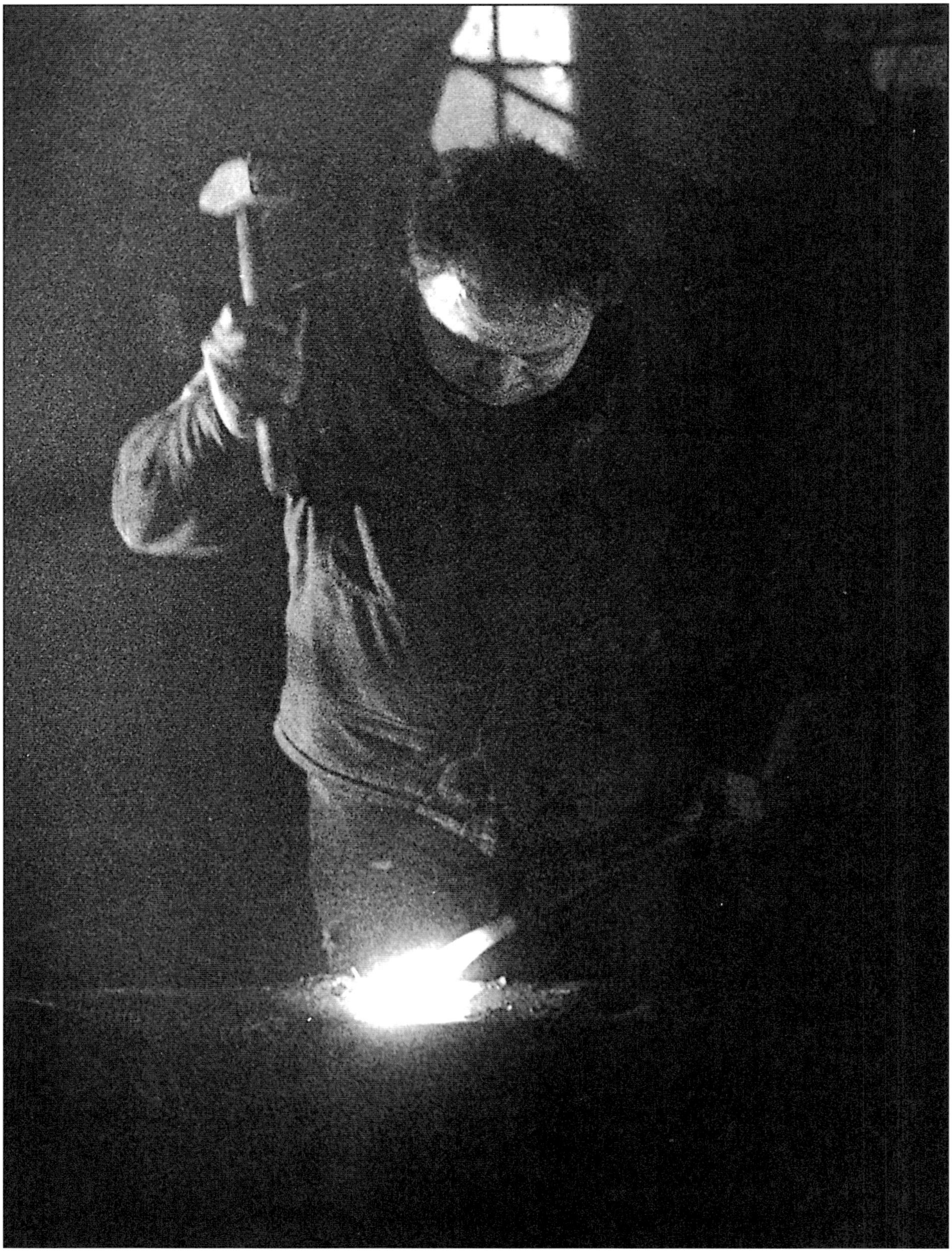

die Verse der im Jahr 1951 in Hollenstein verstorbenen Resi Schölnhammer haben es ihm angetan. „Aus der Eisenwurzen" heißt die 1948 erschienene Sammlung, in der sie über die Schmiede im Ybbstal, das Hammerbachtal, die Voralpe, die Blumen und Tiere ihrer engeren Heimat erzählt. Ein Gedicht daraus, das vom Edelweiß, hat er am liebsten. Aber weshalb gerade dieses? Da wird dieser kräftige, inneren Dingen kaum zugänglich scheinende Mann plötzlich ganz leise. Lesen solle ich es, bedeutet er mir, dann würde ich schon wissen, warum. Ob er wirklich den weißen Stern damit meint – oder vielleicht doch eine andere in seinem Leben blühende Blume? Er lächelt nur und schweigt.

Um ihn zurückzuholen aus seinen Erinnerungen, versuche ich unser Gespräch in andere Bahnen zu lenken. Was, außer der Arbeit, ihn, den Alleinstehenden, denn sonst noch beschäftigt? Das bunte Treiben in der Kartause, die vielen fremden Leute, all das gefalle ihm sehr. Sogar von der Landesausstellung, die vor Jahren hier stattgefunden hat, schwärmt er noch. Manchmal komme er auch nach Scheibbs und schaue sich die schmiedeeisernen Tore und Fensterkörbe im Schloß an, von denen er, der vielen gemeinsamen Details wegen, überzeugt ist, daß sie von einer Hand stammen.

Zu guter Letzt lädt er mich ein in sein Elternhaus. Den Pokaugraben entlang führt die Straße einige Kilometer in Richtung Reinsberg, dann geht es plötzlich scharf nach links über Stock und Stein den Berg hinauf. Bereitwillig erklärt er mir die Umgebung, weist auf ein verlassenes Bauernhaus, auf die Ausläufer der Kappleralm, zeigt hinüber auf die andere Seite des Tales, wo weit verstreut Bauernhöfe an den Hängen liegen.

Bei seinem Zuhause angekommen, sehe ich mich ein wenig um, entdecke zwischen Brennholzhaufen altes Gerät, Maschinenteile, Draht und vor dem Haus das selbstgebastelte Auto. Ob er damit noch einmal ausfahren wird? Wohl kaum, meint er, heute seien ihm andere Dinge wichtiger. Auf das Alleinsein im Alter angesprochen, verweist er auf seine Bücher. Gut möglich aber, daß er dann hin und wieder nach Gaming fährt und seinerseits dem Kartausenschmied einen Besuch abstattet. Denn daß man ohne einen solchen dort niemals auskommen wird, davon ist er überzeugt.

AUF DEN SPUREN JOSEF HABERFELNERS

Fast das gesamte Jahr 1997 befaßte ich mich mit der Lunzer Schriftstellerin Elisabeth Kraus-Kassegg. Der anläßlich ihres hundertsten Geburtstages zur Neuauflage ihrer drei Hauptwerke geplante Begleitband erforderte ein intensives Befassen mit dem historischen Hintergrund der Romane sowie mit der Geschichte der darin vorkommenden Familien und Personen, das heißt mit den Amons, mit Andreas Töpper und auch mit Josef Haberfelner. Während die vom Eisen geprägte Welt der beiden Erstgenannten uns Heutigen eher fremd geworden ist, bietet das Leben Haberfelners Dinge, mit denen sich auch Menschen unserer Tage identifizieren können. Er sucht Steine und Käfer, jagt Schmetterlinge und ist überhaupt ein Liebhaber der Natur. Er lernt andere Länder kennen, durchwandert aber auch heimatliche Gefilde: die Lunzer Hausberge, den Scheiblingstein, den Dürrenstein oder, wie um das Jahr 1905, die Südseite des Königsberges. Von Hollenstein aus besucht er das Haus seiner Vorfahren, kommt durch den Sandgraben hinüber ins Mendlingtal, um über Lassing wieder nach Göstling und an die Ybbs zu gelangen. Ein Gang, den ich teilweise zu Fuß wiederhole. Der mich vor allem die Schönheit der Landschaft erleben läßt und den ich in Gedanken seither immer wieder gehe.

Wie er, so möchte auch ich diesen Tag nicht beginnen, ohne vorher an meinem Ausgangspunkt das kleine Bergkirchlein zu besuchen. Ich steige daher die Anhöhe hinauf, schaue hinab in das Ybbstal, hinein gegen die Voralpe, verbringe einige Minuten in der Frauenkapelle und gehe anschließend durch den Friedhof.

An schmiedeeisernen Kreuzen, auf Steinen und Grabtafeln tauchen Namen auf. Einem von ihnen werde ich später noch begegnen. Viele andere aber sind mir unbekannt, manche wecken Erinnerungen an die hier einst blühende Eisenindustrie. Allerdings auch an deren Niedergang: Von den vormals sechzehn Hammerwerken arbeiten zur Zeit Haberfelners nur mehr fünf, und heute besteht kein einziges mehr.

Ein Blick auf die Turmuhr mahnt mich zum Aufbruch, doch hält mich der Kalvarienberg davon ab. Erst nach dessen Besichtigung verlasse ich den Ortskern und fahre nach Süden, vorbei an den Resten des ehemaligen Treffenguthammers, an teilweise veränderten, aber auch an prächtig instand gesetzten, an ihren Formen als solche zu erkennenden Herrenhäusern – und selbst dann noch geradeaus, als eine Wegtafel bereits nach links in Richtung Lassing weist. Wie mein Vorgänger suche ich nach dem alten Hof, der heute noch Haberfeld heißt und das Stammhaus der Haberfelner ist. Ich finde ihn am Fuße der Voralpe, glaube aus der Entfernung das typische Erscheinungsbild ländlicher Bauten des oberen Ybbstales auszumachen und wende mich zurück ins Tal. Wieder an der Kreuzung, geht es zunächst den Hammerbach entlang, mit kleinen, aber bemerkenswerten Häusern zu beiden Seiten der Straße, und schließlich hinein in die romantische Schlucht zwischen Königsberg und Gamsstein, in den Sandgraben.

Ich fahre das alles, kann mir jedoch, da nun schon einige Kilometer hinter mir liegen, gut vorstellen, daß an der Kapelle vor der alten Pfannschmiede auch Josef Haberfelner Rast gemacht hat. Das über dem Bach liegende Wohnhaus, die schwungvolle Fassade des Hammers und die beiden hoch aufragenden Essen strahlen förmlich in der Sonne.

Unmittelbar dahinter beginnt es nun wirklich eng zu werden, doch nach steil abfallenden Hängen weitet sich das Tal erneut und bietet dem Ensemble des ehemaligen Wentsteinhammers Platz. Er war der entfernteste in der langen Reihe der bis zur Mündung des Hammerbaches in die Ybbs einst an diesem Wasser tätigen Betriebe. Von ihm stehen heute nur noch das Wohnhaus und ein Nebengebäude sowie auf der anderen Seite der Straße eine interessante, die Reste des alten Werkes teils schützende, teils dessen Form andeutende Konstruktion. Sie wurde erst vor wenigen Jahren errichtet und ist zugleich der Endpunkt des vom Ort bis hierher führenden Sagenweges.

Nach dem wohl schönsten, zwischen Felsen und bizarrem Baumwuchs noch immer entlang dem Bach verlaufenden Teil der Strecke halte ich mich an die Lehne des Königsberges. Die nahezu gerade, nur mäßig ansteigende Straße gibt mir Gelegenheit, in Gedanken noch einmal auf den Friedhof in Hollenstein zurückzukehren, wo über einer Grabstätte jener bewußte Name steht. In die Zeit, als die dort bestattete, im Jahr 1934 verstorbene Romana Kokoschka, die Mutter des weltbekannten Malers, eine geborene Loidl, hier im Sandgraben aufgewachsen ist. Erlebe sie förmlich, die im Roman geschilderte Begegnung Haberfelners mit jenem Förster gleichen Namens, der ihn einlädt, bei ihm im Haus zu übernachten, und froh ist, für einen der vielen langen Abende hier endlich einen Gesprächspartner gefunden zu haben. Mir ist, als ob ich sie sitzen sehe angesichts der Stumpfmauer, im letzten Abendlicht, plaudernd, sich bei einem guten Tropfen über dies und jenes unterhaltend. Gewiß, es sind dies nur im Überschwang der Gefühle mögliche Bilder, und dennoch genieße ich sie, bis sie, als ich wenig später an dem verlassenen Gebäude vorüberkomme, langsam verblassen und mich der Anblick der leeren Fenster und der herausgebrochenen Türen vollends aus meinen Träumen holt.

Von der letzten Höhe führt die Straße vorerst fast eben, dann immer mehr abfallend nach Osten, vorbei an aufgeforsteten Wiesen und menschenleeren Bauernhäusern, bis zu jener Stelle in Hof, an der auch Haberfelner sie verläßt und über eine Abkürzung hinüber ins Mendlingtal geht. Er allerdings auf einem beschwerlichen, am Ende steil hinunter zum Wasser führenden Pfad, ich dagegen über Stege und Brücken bequem bis zu jenem Felsen, an dem er die Staudingerbuben trifft. Wird der Haberfelner von diesen ob seines vermeintlich unerlaubten Eindringens damals zur Rede gestellt, bin ich heute dem Sohn eines der beiden Brüder durchaus willkommen, werde bewirtet und erhalte bereitwillig Auskunft, als ich mich nach dem Gasthaus an der Grenze, der lustigen Sängerrunde und nach anderen Dingen, von denen im Buch die Rede ist, erkundige. Da ich, um zu meinem Fahrzeug zu gelangen, denselben Weg zurückgehen muß, breche ich nach einer guten Stunde wieder auf, will ich mich am Nachmittag doch auch in Lassing ein wenig umsehen.

Dort stoße ich von neuem auf den Namen Kokoschka. Nicht die Mutter ist diesmal gemeint, sondern der berühmte Sohn, der in seiner Jugend bei seinem in Lassing lebenden Onkel Anton Loidl, seines Zeichens Kaufmann, Postmeister und Organist, öfters zu Besuch gewesen ist. Eines vermeintlich von Oskar Kokoschka stammenden Bildes wegen suche ich die Kirche auf und bringe von einer zufällig anwesenden Frau in Erfahrung, daß bloß dessen Vorlage, die Muttergottesstatue am linken Seitenaltar, darin zu finden sei, nicht aber das Gemälde selbst, obwohl es dieses gebe, sie selber habe eine Kopie davon. Noch überraschter bin ich, als ich wenig später eine Bleistiftstudie, „Kammermusik in Lassing" benannt, in Händen halte, die hier regelmäßig musizierende Einheimische zeigt, im Original gezeichnet von dem großen Meister des Expressionismus um das Jahr 1912. Etwas ganz Besonderes auf meiner Reise, die mich über Landschaft und Geschichte hinaus auch in das Reich der Kunst geführt hat.

In der bereits anbrechenden Dämmerung gilt es sie zu beenden. Ein letztes Mal blicke ich von der Paßhöhe zurück auf die Hänge des Hochkars, auf den Scheibenberg und den dazwischen sichtbaren Großen Buchstein, bevor ich die Fahrt in den weiten, heute nebelverhangenen Talboden des Göstlingbaches antrete. Bilder des Ferdinand Andri werden lebendig, die „Heuernte", das „Holzfuhrwerk", die „Krauthütte" – Motive, die er drüben beim Lassingbauer fand, von wo aus der in Waidhofen an der Ybbs geborene Maler, Bildhauer und Grafiker zu Anfang dieses Jahrhunderts seine künstlerische Laufbahn begann und wohin es ihn später immer wieder zog. – Weiter unten, beim Anwesen „Am Hammer", tönt dem Haberfelner schon von weitem Maschinenlärm entgegen, er kommt mit dem Besitzer ins Gespräch und wird auf ein Glas Wein eingeladen. Auch ich halte dort, bis auf das Geräusch hin und wieder vorbeifahrender Autos herrscht jedoch Stille. Und von den einstigen Gebäuden ist heute nur mehr das Wohnhaus und die am Straßenrand stehende Kapelle übriggeblieben.

Als es dunkel wird, bin ich in Göstling. Hier trennen sich unsere Wege: Während er der Ybbs aufwärts folgt und nach Lunz geht, strebe ich flußabwärts meinem Heimatort zu. Der Roman kommt mir wieder in den Sinn. Seine Handlung, Tatsächliches, Erfundenes – Haberfelners einsamer Gang. Gab es diesen Gang überhaupt? Oder entstammt er insgesamt bloß dichterischer Phantasie, und meiner erst ist zur Wirklichkeit geworden? Vielleicht für einen anderen, wieder in hundert Jahren.

Jetzt noch solchen Fragen nachzugehen, bin ich zu müde. Dennoch, es war, es ist immer noch ein wunderschöner Tag.

ZWISCHEN YBBS UND ERLAUF

Auf den Spuren des Eisens wandelte ich schon einmal zwischen diesen Flüssen, wenn auch in anderer Absicht. Was ich diesmal suche, ist das, was einen Ort unverwechselbar, typisch für die Eisenwurzen macht.

Ich beginne meine Reise daher am Sonntagberg, dessen Basilika wahre Schätze der Schmiedekunst birgt. Die beiden schweren, aus Eisen gefertigten Torringe am Portal zum Beispiel, oder im Innenraum das sowohl in seinem Mittelteil wie auch oben vergoldete Gitter um den Zeichenstein. Schließlich, als ein weiterer Beweis hohen schmiedetechnischen Könnens, das Tor zur Altarstiege. Gewiß gibt es noch mehr davon, wird auch anderswo so manches schöne Stück im Verborgenen blühen – die „Gottesburg der Eisenwurzen" hat, neben der Architektur und der Malerei, vor allem aus diesem Bereich des Kunsthandwerkes viel zu bieten.

Waidhofen ist die nächste Station. Hier, im Schmiederaum des Museums, finden sich weitere Zeugnisse kunstvollen Schaffens, kostbare Schlösser, Grabkreuze und andere Dinge, die an vergangene Zeiten erinnern. Vor der Bürgerspitalkirche wiederum schmückt eine Schmiedearbeit neueren Datums den Eingang zu einem Garten. Sie wurde in der damaligen Eisenfachschule gefertigt und im Jahre 1925 auf der Pariser Weltausstellung sogar preisgekrönt. Ein bemerkenswertes Kommuniongitter in der Zeller Pfarrkirche, da und dort noch schmiedeeiserne Fensterkörbe an den Häusern – wer mit offenen Augen durch die Stadt geht, wird noch vieles Schöne entdecken.

Weil ich an der Mündung der Kleinen in die Große Ybbs den kürzeren Weg in das Erlauftal über Ybbsitz wähle, bleiben für die Orte südlich davon nur Gedanken. An den Sichelhammer und die alte Einfassung vor einer stillgelegten Zisterne in Opponitz, den Dorfplatz in Hollenstein mit den Körben aus Schmiedeeisen vor den Fenstern und den Wentsteinhammer, an die qualitätvollen Gittertore vor so manchen Eingängen und Kapellen in St. Georgen am Reith sowie an die Töpperbrücke in Kasten und das Amonhaus in Lunz am See. Sodann Gaming und St. Anton an der Jeßnitz, Ortschaften, die viel für die Region Typisches vorzuweisen haben. Erstere zahlreiche Zeugnisse der Schmiedekunst in der Kartause, auf dem Friedhof gußeiserne Grabdenkmäler sowie auf dem Weg nach Kienberg hinaus den Grabnerhammer. Letztere beachtenswerte Schmiedearbeiten vor Fenstern und Kapellen, ein Brückengeländer, gefertigt aus ungebohrten Gewehrläufen, und die Bruderlade.

In Ybbsitz treffe ich wieder auf das reale Eisen. Hervorragendes gleich am Ortseingang, an der Mariahilfkapelle, und, da ich die Umfahrung benütze, an der Straße später noch ein Haus mit prächtigen Fensterkörben. Vieles bleibt dem flüchtigen Blick verborgen, etwa das einem Runderker am „Haus Kremayr" vorgebaute wertvolle Schmiedeeisengitter sowie die Objekte der Schmiedemeile; sie finden an anderer Stelle entsprechende Beachtung.

Bald darauf die Bezirksgrenze, ich nähere mich dem Tal der Kleinen Erlauf und Gresten. Auch hier wieder das Bild der alten Zeit. Der Obere Markt, Schloß Stiebar, der Spörkenhof und im Unteren Markt das Heimatmuseum sowie an einem der vielen schönen Häuser ein Balkon aus Schmiedeeisen.

Auf der Weiterfahrt ins Große Erlauftal nütze ich nach einigen Kilometern die Abzweigung nach Reinsberg. Die Vorgeschichte der sogenannten

„Dreimärktestraße" wird lebendig, die einst zu ihrem Schutz erbaute Burg, die heute, da sie zur Ruine geworden ist, andere Dinge bewahrt. Eiserne Vögel, Insekten, Skulpturen bevölkern sie, die neue Form der Handwerkskunst stellt sich hier vor.

In Scheibbs angekommen, parke ich mein Fahrzeug vor dem Rathaus. Auf meinem Rundgang durch die Stadt entdecke ich sehenswerte schmiedeeiserne Hauszeichen, und, wieder an den Ausgangspunkt zurückgekehrt, am Sockel der Säule des heiligen Nepomuk ebensolches schmückendes Beiwerk. Auch das große gußeiserne Kruzifix an der Vorderseite der Pfarrkirche beeindruckt mich.

Zuletzt betrete ich den Schloßhof. Arkaden, steinerne Portale, in der Mitte ein Brunnen, die Vergangenheit dieses alten Gemäuers wird spürbar. Gittertore am äußeren wie an einem der inneren Stiegenaufgänge, schmiedeeiserne Fensterkörbe – an ihrem Zustand zeigt sich auch hier der Kunstsinn nachfolgender Besitzer. Hervorragend restauriert, bildet all dies einen Höhepunkt auf meiner Reise, die mich nach einem Besuch des Schützen-

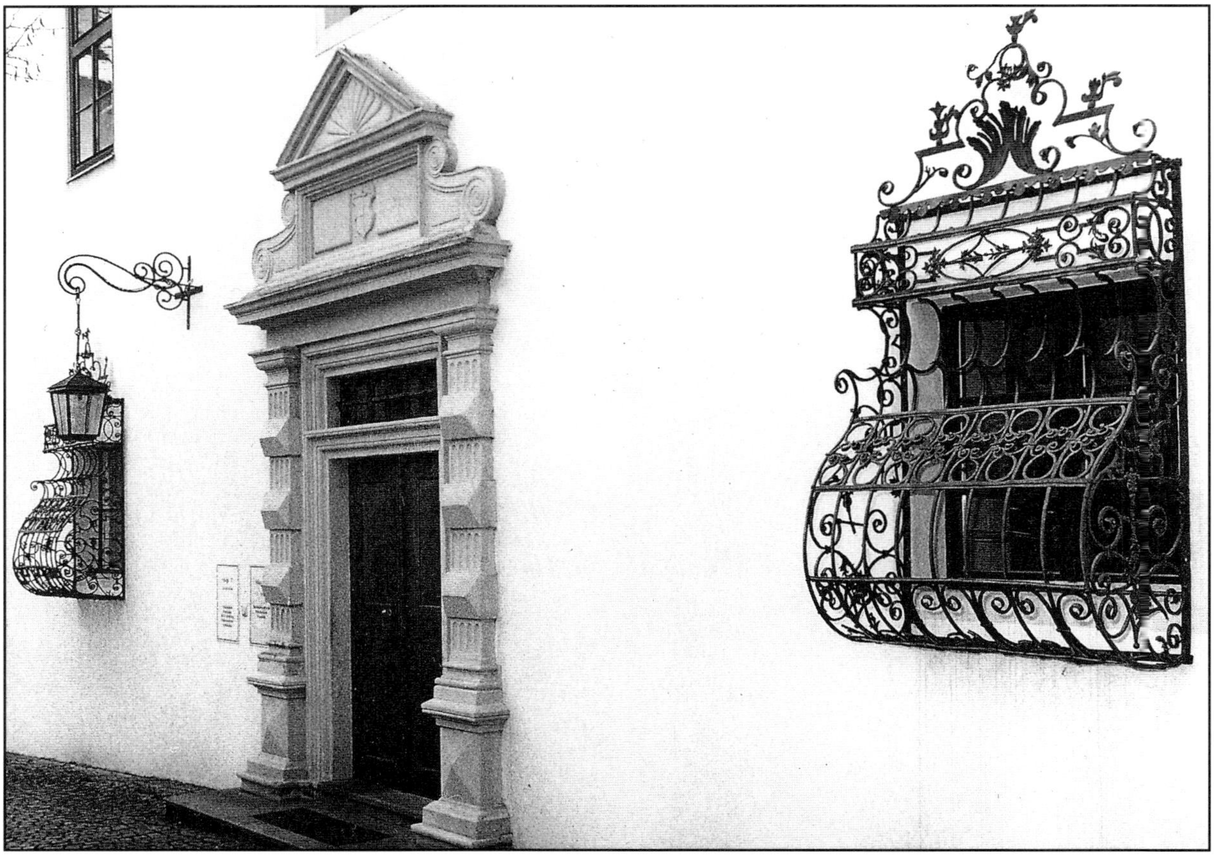

scheibenmuseums und des Grabmals der Gewerkenfamilie Töpper weiter nach Purgstall führt.

Hier noch einmal Eisen, wenn auch in anderer Gestalt. Schon von außerhalb sichtbar, überragen zwei Kreuze die Friedhofsmauer. Sie gehören zu gußeisernen Grabdenkmälern, wie sie früher im Ort Gußwerk in der Steiermark hergestellt wurden, die aber heute, bis auf diese und jene in Gaming, verschwunden sind. Sie bewahren das Andenken Franz Eybners, eines der letzten Eisen- und Provianthändler in diesem Raum, und seiner Gemahlin Theresia, einer Tochter des Johann Franz von Amon aus Lunz. – Im Ortskern wieder typische Altbauten und an der Fassade des Museums nicht nur prächtige schmiedeeiserne Fensterkörbe, sondern auch reiches Sgraffitodekor.

Es ist spät geworden. Die Fahrt von der Ybbs bis hierher war abwechslungsreich, nun liegt, als letztes Ziel, nur mehr Wieselburg vor mir. Ein Blick noch von der Brücke auf die Uferlandschaft der Erlauf, dann bin auch ich dorthin unterwegs: Wie am Anfang der Sonntagberg, steht auch am

Ende meiner Reise ein bedeutender Sakralbau, das Oktogon der Pfarrkirche von Wieselburg.

Als ich es betrete, erhellt die Abendsonne nur schwach sein Inneres und die aus früher Zeit stammende Malerei. Auch für eine Aufnahme des riesigen, von der Kuppel schwebenden schmiedeeisernen Radleuchters reicht das Licht nicht mehr aus. Dennoch, mit der nicht weit davon entfernten sogenannten „Haydnschule", einem mächtigen ehemaligen Getreidespeicher, sowie dem Marktschloß nehme ich bleibende Eindrücke bodenständigen Bauens mit nach Hause. Von der Erlauf an die Ybbs, um sie jenen Dingen hinzuzufügen, die ich auf meiner Reise suchte und in so überreichem Maße fand.

IN DER MENDLING

Ein Stück jenes alten Weges, auf dem seit Jahrhunderten das Eisen vom steirischen Erzberg gebracht wurde, führte durch das Mendlingtal. Und so verschlafen es heute wirkt, früher sorgten Grenzstreitigkeiten und Kriege für unruhigere Zeiten; selbst nach 1945 noch, als hier die Demarkationslinie verlief. In wirtschaftlicher Hinsicht bestimmte eine Reihe ehemals in der Eisenverarbeitung tätiger Familien den Lauf der Dinge – wie die Staudinger, die hier seit mehr als 160 Jahren leben. Dem am 22. Juni 1998 verstorbenen Wolfgang Staudinger ist die letzte meiner Geschichten gewidmet.

Auch wenn es nichts Ungewöhnliches sein mag, daß Menschen, deren Interessen ähnlich gelagert sind, sich hin und wieder treffen, für mich war es immer etwas Besonderes, zu ihm in die Mendling zu fahren. Meist schrieb ich ihm vorher, oder ich bekam eine seiner Karten, mit Sprüchen und Blumen darauf, einige Tage später setzten wir uns zusammen und redeten über alles, was es an Neuem gab oder was wir gerade taten. Ich schätzte seine Veröffentlichungen über Göstling, auch seine Beiträge im Lassinger Pfarrblatt, ihm wiederum gefiel das eine oder andere aus meiner Feder, und so entwickelte sich eine Freundschaft, die über Jahre andauern sollte. Gleich mehrmals hintereinander besuchte ich ihn, als ich im Winter 1997 eine die Lunzer Schriftstellerin Elisabeth Kraus-Kassegg betreffende Arbeit übernommen hatte und ihn um seine Unterstützung bat.

Das erstemal ist es an einem schönen, aber noch kalten Tag Anfang Mai. In Göstling scheint bereits die Sonne, die sich jedoch, sobald ich des mächtigen Hochkarmassivs ansichtig werde, dahinter versteckt. Die barocke, bis zum Frühjahr zumeist mit einem Holzverschlag versehene, zum Haus „Am Hammer" gehörende Kapelle, weiter oben das mit Sgraffitoschmuck ausgestattete Bauernhaus, es sind immer die gleichen Dinge, die kurz meinen Blick von der Straße ablenken. Dann der kleine, weit abseits gelegene Friedhof von Lassing, die Kirche und der Teich. Gleich darauf ist es die kurvige, abwärts führende Strecke in den Roßgraben, die wieder mehr Aufmerksamkeit verlangt. Zu beiden Seiten eng an die Straße heranrückende Berglehnen, unmittelbar danach die sogenannte Salzmaut, ein Haus mit prächtigen Fensterkörben aus Schmiedeeisen. Da mir noch Zeit bleibt, nütze ich sie, um bis zum Mauthäusl zu fahren. Hier erreicht die Sonne auch schon die tiefer liegenden Stellen des Tales und taucht alles in grelles Licht. Ein kurzer Halt noch bei dem interessanten Holzbau und der nahen Kapelle, dann fahre ich zurück, überquere den Mendlingbach und stehe zur vereinbarten Zeit vor der Tür des Hauses Staudinger.

Während ich auf mein Läuten hin auf eine Antwort warte, entdecke ich Wolfgang Staudinger vor dem etwas entfernt davon liegenden Ausnahmshaus, einem reizenden Bau am Rande des Waldes. Als ich dorthin gehe, um ihn zu begrüßen, meint er, er habe schon eingeheizt und die von mir gewünschten Unterlagen bereitgelegt, ich könne also sofort beginnen. Hier fände ich auch die zur Arbeit nötige Ruhe und genügend Licht, sogar den Ofen könne ich für einige Zeit vergessen, dann komme er wieder, für den Fall, daß ich etwas brauche. Drinnen die hübsch eingerichteten Räume, die winzige Küche – ich kenne ja alles. Dennoch bin ich jedesmal von neuem beeindruckt, und heute, da ich allein bin und alles so recht auf mich wirken lassen kann, ganz besonders.

Zu Mittag holt er mich hinüber in das große Haus, und wieder stellt sich die Erinnerung an Vergangenes ein. Der stets Gästen vorbehaltene lederüberzogene Stuhl, das Zimmer im ersten Stock mit den gefüllten Vitrinen, den Bildern an den Wänden und dem Hut, der angeblich dem Erzherzog Johann gehörte, unter den vielen weiteren Kostbarkeiten.

Noch in seiner Jugend, meint der Anfang der Sechzig stehende mittelgroße, hagere Mann, sei in der Mittelachse des Raumes ein langer Tisch gestanden. Und sein Vater habe ihm erzählt, daß man sich an diesem Tisch versammelt habe, wenn es im Kreise der Hammergewerken des oberen Ybbstales Wichtiges zu besprechen gab. Die Amon aus Lunz, die Praunseis, die Scheib und wie sie alle hießen, hätten hier Gemeinsames beraten und beschlossen, fröhliche, wegen des im vorigen Jahrhundert beginnenden wirtschaftlichen Niedergangs aber wohl auch ernste Stunden erlebt.

An die Christabende seiner Kindheit erinnere er sich noch selbst. Da seien dann auch die Dienstboten, die Knechte und Mägde heraufgekommen, hätten den Lichterbaum bestaunt und der Reihe nach ein frohes Fest gewünscht. Auch sie wurden beschenkt, küßten dem Herrn Vater und der Frau Mutter die Hände und gingen daraufhin wieder, um auf ihre Art Weihnachten zu feiern.

Eine zweite Tür führt in sein Arbeitszimmer. Bücher, ein Schreibtisch, Erinnerungsstücke – hier bewahrt er seine Sachen auf, auch das, was ihm Elisabeth Kraus-Kassegg vor ihrem Tod anvertraut hat. Sie sei ja oft genug dagewesen, erzählt er, freilich meist draußen im Garten, und habe dort gelesen oder sich ausgeruht. Einmal habe sie sogar ein Gedicht verfaßt, dieses „Sommertag in Mendling" genannt und es der Familie überlassen.

Etwas, das sie ganz besonders geliebt hat, war das kleine, sonnseitig gelegene Haus oben auf einer Waldlichtung. Dort habe sie auch gearbeitet und oft ganze Tage zugebracht. Seit er sich zu erinnern vermag, sei dieses Häuschen immer schon eine Art Refugium gewesen; wer einmal wirklich habe allein sein wollen, der sei dorthin gegangen. Und, als ob die fünfzig und mehr dazwischenliegenden Jahre nichts von alldem hätten auslöschen können, fügt er hinzu: Gemeinsam tat man es stets um die Jahreswende, der

Vater, die Mutter kochte Kaffee oder Tee, für die Kinder gab es Weihnachtsbäckerei, und, wenn es schon dunkel war, hat man den Heimweg mit einer Laterne in der Hand angetreten.

Während er so erzählt, holt er ein kleines Büchlein aus dem Regal und zeigt es mir. Ihre letzten, noch unveröffentlichten Gedichte, die er sich in einigen Exemplaren selbst habe binden lassen, meint er, und daß er bei meinem nächsten Besuch mit mir hinaufgehen werde. Er brauche manchmal solche Stimmungen. Wenn ich nun über sie schreiben wolle, wer weiß, vielleicht helfe das auch mir.

Der Nachmittag vergeht mit dem Durchblättern alter Fotoalben, ich entdecke eine Fülle von Aufzeichnungen über die Figuren ihrer drei großen Romane, lese vergilbte Zeitungsausschnitte und finde in den Unterlagen zuletzt sogar einen meiner Briefe:

Nur der Dank für einen Besuch bei ihr und die Übermittlung einiger für mich wichtiger Informationen.

Warum sie den wohl aufgehoben hat?

Einige Wochen später bin ich wieder in der Mendling, um zu Hause gesichtetes Material zurückzustellen. Wolfgang Staudinger hält Wort, noch bevor uns die jetzt schon höher stehende Sonne ins Schwitzen bringt, brechen wir auf. Am mir seit meinem letzten Besuch so vertraut gewordenen „Neuhaus" vorbei geht es steil durch den Wald, dann nach einer Kurve etwas weniger anstrengend bis zu einer Wildfütterung. Unter uns der schmale, mehrmals tief eingeschnittene und bis vor kurzem noch zum Triften von Holz verwendete Mendlingbach, die Dächer zweier früher zum Areal des heute nicht mehr bestehenden Hammers gehörender Gesindehäuser, am Gegenhang die nach Hof führende Straße und gleich darauf vor uns das besagte kleine Haus.

Das letzte Stück des Weges führt über eine Wiese. Durch die Tür gelangen wir in einen Raum, an dessen linker Seite sich ein offener Herd befindet. Der Hängekessel, Kochlöffel, Schöpfer und Pfannen an den Wänden, eine Feuerzange, ein Dreifuß sowie über allem der Feuerhut vermitteln das Bild einer Rauchküche früherer Zeiten, ebenso der durchgebaute gemauerte Stubenofen. Auf dessen unterster Stufe eine Sitzbank, auf der nächsten Geschirr, in der gegenüberliegenden Ecke der Tisch, darüber das Hinterglasbild – wäre ich mir des ausgehenden 20. Jahrhunderts nicht so sicher gewesen, ich hätte glauben können, in das vorige versetzt zu sein.

Weil ich wußte, daß er beim Weggehen das Büchlein mit den Gedichten in seine Rocktasche gesteckt hatte, bitte ich ihn, daraus zu lesen. An ihrem Lieblingsplatz genau jene Dinge noch einmal aufleben zu lassen, die auch sie hier bewegten. Er tut mir den Gefallen, rezitiert von langen Nächten, vom Frühling und schließt mit jenen Versen, die ihre letzten waren. Sie seien, als er zum erstenmal nach ihrem Tod in ihr Zimmer kam, noch in der Schreibmaschine gesteckt, sagt er, löscht die Kerze und verläßt mit mir den Raum.

Es wird mir unvergeßlich bleiben: das darauffolgende Jahr, in dem ich mich intensiv mit dem Leben und Werk von Elisabeth Kraus-Kassegg beschäftigte; seine Hilfsbereitschaft und, wenige Monate nach dem Abschluß meiner Arbeiten, sein Tod. Vor allem aber jene Tage, die ich dort verbrachte, die ich in der Mendling war.

Legenden zu den Bildern

Seite 1:
Schmiedeeisengitter an der Mariahilfkapelle am westlichen Ortseingang von Ybbsitz. Aufsatzdetail um 1800.

Seite 6:
Blick auf Windhag (711 m). Seit 1972 Gemeinde Waidhofen an der Ybbs.

Seite 9:
Die Ägydiusprozession im Anstieg auf den Schobersberg (751 m).

Seite 10:
Die Kapelle auf dem Schobersberg. Landschaftlich reizvoller Aussichtspunkt mit Blick nach Norden weit über die Donau und im Süden zu den Voralpen.

Seite 11:
St. Ägidius am Walcherberg (590 m). Filialkirche von Windhag, erstmalige Nennung 1526. Beliebter Bauernwallfahrtsort über dem Urltal.

Seite 12–14:
Höhepunkt des jeweils am Tag des hl. Ägidius (1. September) stattfindenden Geschehens: Das Zusammentreffen der Fahnen vor der Kirche sowie der Gottesdienst.

Seite 16:
Am Schobersberg nach dem Vorbeizug der Prozession.

Seite 17:
Volkskundlich interessante Kreuzigungsgruppe im Inneren der Schobersbergkapelle (16. Jh.).

Seite 18:
Nordansicht des alten Bauernhauses „Stadl", Schilchermühle 22 in Windhag. Ältester Hinweis betreffend die Datierung des vorliegenden Baubestandes am Rüstbaum der Stube „1579". (Ausführliche Beschreibung des Objekts von Gunter Dimt, in: Waidhofner Heimatblätter, 5. Jahrgang, Waidhofen an der Ybbs 1979, Seite 15–26).

Seite 21:
Beim Austausch von Erinnerungen: Angela Hintsteiner und der Bauer vom Walcherberg Josef Loibl. Am Tisch Bilder des Waidhofener Zuckerbäckers Karl Piaty aus den sechziger Jahren, erschienen als Buch unter dem Titel „Die Mitte der Welt" im Verlag Christian Brandstätter, Wien 1989.

Seite 22:
Motiv über der Feuerstelle.

Seite 23:
Einer der verlassenen Räume: Die ehemalige „Schwarze Kuchl" des Hauses.

Seite 24:
Spinnwebenverhangener Rauchabzug im Vorhaus.

Seite 25:
Im Stall der Geruch von Heu, Wärme und Geborgenheit.

Seite 26:
Angela Hintsteiner (1924–1997).

Seite 28–29:
Die zu nächtlicher Stunde auf den Schobersberg ziehende Betergruppe.

Seite 31:
Abschluß des Heiliggeistbetens 1995 vor der Kapelle am Schobersberg.

Seite 32–34:
Auf dem Weg zur großen Prozession. Die Gruppe der am Fronleichnamstag von St. Aegidi nach Windhag ziehenden Beter.

Seite 35–39:
Aufstellung und Verlauf der Fronleichnamsprozession des Jahres 1996 in Windhag.

Seite 40–42:
Ludwig Obermüller und sein Handwerk.

Seite 44:
Liebe zum Detail – ein Kennzeichen des Urltaler Holzschnitzers.

Seite 46:
Eine Obermüllerkrippe aus Waidhofen an der Ybbs.

Seite 49:
Teil der alten Straße auf den Nothberg. Im Vordergrund eine der 1984 versetzten Kreuzwegkapellen, dahinter die Schönkreuzkapelle.

Seite 51:
Inneres der Schönkreuzkapelle.

Seite 53:
Die Hängende Mauer vor dem Felssturz im Jahre 1984.

Seite 55:
Marienbildnis, gemalt von Maria Hölzl. Im Hintergrund Ybbsitz um das Jahr 1960.

Seite 56:
Jesus an der Geißelsäule. Gotische Holzplastik aus Ybbsitz (Ende 16. Jh.).

Seite 58–63:
Franz Eisenführer, ein Ybbsitzer Original: Im Gartenhaus bei seinen Büchern, als gelegentlicher „Kleidermacher" und beim Sammeln von Gegenständen für sein geplantes Museum.

Seite 65:
In der Schaufel- und Hauenschmiede des Friedrich Strunz. Einer der beiden „Schwanzhämmer" um das Jahr 1980.

Seite 67:
Josef Eybl sowie dessen Familie mit Franz Eisenführer vor dem Strunzhammer im Februar 1999.

Seite 68–73:
Das Bauernhaus „Loimersreith", Maisberg 8 in Ybbsitz. Typischer Doppel-T-Hof in verschiedenen Ansichten und Details.

Seite 75:
Verlassenes Kleinhaus auf dem Weg von Ybbsitz nach Maria Seesal.

Seite 77:
Nur mehr zeitweilig bewohntes kleinbäuerliches Anwesen zwischen Ybbsitz und Gresten-Land.

Seite 78:
Oberförster Franz Fluch (1894–1984).

Seite 81–83:
Die aufgelassenen Bauernhäuser „Brauneben" und „Meierhofeben" im Tal der Schwarzen Ois südöstlich von Ybbsitz.

Seite 84–86:
Das Bauernhaus „Ekamp", Haselgraben 8 in Ybbsitz.

Seite 87:
Johann Stiegler, Altbauer am „Ekamp".

Seite 88–89:
Die jüngste Bewohnerin des Hauses und ihr Lieblingsspielzeug, das letzte noch übriggebliebene Holzpferd.

Seite 90:
Die schon klein gewordene Welt des Altbauern: Johann Stiegler mit seinem Globus.

Seite 92:
Stefan Zechberger, der „Arminger".

Seite 94–98:
Szenen eines uralten Handwerks: Das Legen des Meilers, nach dem eigentlichen Kohlvorgang die Qualitätskontrolle und zuletzt die Freude über das Gelungene.

Seite 100:
Die Köhlerhütte als Schlafplatz mit direktem Ausblick auf die Kohlstatt. Eine Einrichtung, von deren Sinnhaftigkeit auch der „Arminger" zu berichten weiß.

Seite 102:
Der Fahrngruberhammer in Ybbsitz.

Seite 105–108:
Im Winter ist Ruhe eingekehrt im Fahrngruberhammer. Nur die Hausleute selbst sind mit kleinen Arbeiten beschäftigt oder pflegen, wie am Vorabend des Festes der Hl. Drei Könige, die alten Bräuche.

Seite 111:
Der „Hammer am Bach" in Opponitz Anfang der neunziger Jahre.

Seite 112–113:
Stellprobe des aus einer Ybbsitzer Werkstatt stammenden neuen hl. Florian im Frühjahr 1998.

Seite 114:
Enthüllung und Segnung des Schutzheiligen am 1. Juni 1998.

Seite 115:
Die Giebelfront des Sichelmuseums heute.

Seite 116:
Die Töpperbrücke in Kasten bei Lunz am See.

Seite 119:
Eine der überlebensgroßen gußeisernen Figuren: Der hl. Florian am östlichen Ende der Brücke.

Seite 120:
Die „Jörglkapelle" (887 m). Altes Brunnenheiligtum an der Ostseite des Frieslings (1339 m) in der Gemeinde St. Georgen am Reith.

Seite 122:
Kapellen des barocken Kreuzweges in St. Anton an der Jeßnitz.

Seite 125:
Die 750 Meter hoch gelegene Wolfgangkapelle in der Gemeinde Gresten-Land.

Seite 126:
Die Kartause Gaming, eines der kulturellen Zentren des Ötscherlandes.

Seite 129–132:
Hubert Schuhleitner an Esse und Amboß.

Seite 134:
Spätbarocke Wegkapelle in Hollenstein an der Ybbs. Im Hintergrund die Pfarrkirche.

Seite 136:
Bemerkenswerte Grabplatte aus Gußeisen an der Südfassade der Kirche von Hollenstein an der Ybbs.

Seite 137:
Die Esse des ehemaligen Zerrennhammers Treffengut in Hollenstein an der Ybbs.

Seite 138:
Die Rückseite des Pfannschmiedhammers am Eingang zum Sandgraben.

Seite 139:
Altes Forsthaus. Geburtsstätte Romana Kokoschkas, der Mutter des weltbekannten österreichischen Malers, vor der beeindruckenden Kulisse der Stumpfmauer.

Seite 141:
Motiv aus dem Mendlingtal: Der Triftsee und die wiedererrichtete Holzklause.

Seite 142:
Die Wallfahrtsbasilika auf dem Sonntagberg (712 m).

Seite 143:
Pfarrkirche Zell an der Ybbs. Kommunionbank mit Eisengitter um 1850.

Seite 144:
Das Heimatmuseum am Unteren Markt in Gresten. Blick in einen der Schauräume.

Seite 145:
Eiserne Vögel auf der Burgruine Reinsberg aus der Werkstatt des Ybbsitzer Metallkünstlers Josef Eybl.

Seite 146:
Im Schloßhof der Bezirkshauptstadt Scheibbs.

Seite 147:
Gußeiserne Grabdenkmäler auf dem Ortsfriedhof in Purgstall an der Erlauf.

Seite 148:
Steinplastiken vor dem Wieselburger Marktschloß.

Seite 149:
Das Mauthäusl an der niederösterreichisch-steirischen Landesgrenze in der Mendling.

Seite 151:
Spätbarocker Einzelbau „Neuhaus" in der Mendling.

Seite 152:
Die Rauchküche im „Neuhaus". Teil der Inneneinrichtung.

Seite 154:
Oberhalb des Mendlingtales auf einer Waldlichtung gelegenes Haus. Lieblingsplatz der Lunzer Schriftstellerin Elisabeth Kraus-Kassegg.

Seite 155:
Wolfgang Staudinger (1934–1998).